Aspekte|Beruf

Deutsch für Berufssprachkurse

Kurs- und Übungsbuch
mit Audios

B1/B2

Brückenelement

Corinna Gerhard
Anna Pohlschmidt
Bettina Schwieger
Ralf Sonntag
Helen Schmitz
Tanja Sieber
Britta Weber
Ute Koithan

Ernst Klett Sprachen
Stuttgart

Autor/Autorinnen: Corinna Gerhard, Anna Pohlschmidt, Bettina Schwieger, Ralf Sonntag
Basierend auf dem Konzept von *Aspekte neu* von: Ute Koithan, Helen Schmitz, Tanja Sieber, Ralf Sonntag

Beratung und Gutachten: Radka Lemmen, Anne Sass, Helen Schmitz, Tanja Sieber, Britta Weber

Redaktion: Annerose Remus und Renate Weber
Herstellung: Carolyn Brendel
Layout: Andrea Pfeifer, München
Umschlaggestaltung: Anna Wanner

Illustrationen: Sylvia Neuner, München; Daniela Kohl, München
Satz: Holger Müller, Satzkasten, Stuttgart
Reproduktion: Meyle+Müller GmbH+Co. KG, Pforzheim
Titelbilder: JasonDoiy und HadelProductions, Getty Images, München

Aspekte Beruf B1/B2 – Brückenelement	
Kurs- und Übungsbuch mit Audios	605362
Aspekte Beruf B1/2 und B2	
Kurs- und Übungsbuch mit Audios	605363
Kurs- und Übungsbuch mit Audios inklusive Lizenzcode für das Kurs- und Übungsbuch mit interaktiven Übungen	607375
Digitales Kurs- und Übungsbuch mit LMS für Lernende	NP00860536301
Digitales Kurs- und Übungsbuch mit LMS für Lehrende	NP00860536391
Audio-CDs zum Kurs- und Übungsbuch	605365
Unterrichtshandbuch	605366
Digitales Unterrichtspaket zum Download	NP00860536601
Lösungen, Transkripte u.v.m. zum Download unter www.klett-sprachen.de/aspekte-beruf	

In einigen Ländern ist es nicht erlaubt, in das Kursbuch hineinzuschreiben. Wir weisen darauf hin, dass die in den Arbeitsanweisungen formulierten Schreibaufforderungen immer auch im separaten Schulheft erledigt werden können.

Audiodateien zum Download unter **www.klett-sprachen.de/aspekte-beruf/medienB1-B2**   Code: **AspBr/23**

Klett-Augmented-App kostenlos downloaden und öffnen | **Seiten mit Audios** scannen | Audios laden, direkt nutzen oder speichern

Scannen Sie diese Seite für weitere Komponenten zu diesem Titel.

1. Auflage   1 ³ ² ¹ | 2024 23 22

© Ernst Klett Sprachen GmbH, Rotebühlstraße 77, 70178 Stuttgart, 2022. Alle Rechte vorbehalten.
www.klett-sprachen.de

Druck und Bindung: Elanders GmbH, Waiblingen

ISBN 978-3-12-605362-4

Willkommen in *Aspekte Beruf*!

Aspekte Beruf richtet sich an Deutschlernende, die sich gezielt auf die sprachlichen Anforderungen des Berufslebens in Deutschland vorbereiten wollen. Die Lehrwerksreihe ist für den Einsatz in den BAMF-Basisberufssprachkursen konzipiert und setzt konsequent deren Lernziele um. Die Prüfungen *Deutsch-Test für den Beruf* B2 sowie C1 werden optimal durch intensives Training vorbereitet.

So ist das Lehrwerk aufgebaut:

Der Auftakt stimmt auf die **beruflichen Themen** des Kapitels ein. Der **modulare Aufbau** der Kapitel sorgt für abwechslungsreiche Themenwechsel.
In jedem Modul stehen **Fertigkeiten** und in Modul 1 und 3 zusätzlich ein Grammatikthema im Mittelpunkt. (Im Brückenband wird in jedem Modul ein Grammatikthema bearbeitet.) Wichtige Formulierungen und Ausdrücke sind in **Redemittelkästen** gesammelt. Die Rubrik **„Sprache im Beruf"** zeigt Aspekte der gesprochenen Sprache. **Strategien und Tipps** unterstützen das selbstständige Lernen.
Die Seite **„Kommunikation im Beruf"** sensibilisiert für die Wahl der richtigen Register und übt Formulierungen ein. Die **„Grammatikrückschau"** fasst am Kapitelende alle grammatischen Themen zusammen. Eine Übersicht über alle Redemittel und Grammatikthemen gibt es im Anhang.

Ein **Prüfungs-***, **Sprech-**** oder **Schreibtraining** nach jedem zweiten Kapitel sorgt für Routine in zentralen beruflichen Kommunikationssituationen und bereitet auf den *Deutsch-Test für den Beruf* vor.

Im **Übungsbuch** werden Kursbuch-Aufgaben vorbereitet, erweitert und vertieft. Übungen zu Wortschatz und Grammatik bringen Sicherheit. Dazu wird **Arbeitsweltwissen** kompakt und einfach vermittelt. Spielerische Übungen zur **Aussprache** unterstützen korrektes Sprechen und sichern das Verstandenwerden. Die **Selbstevaluation** zeigt den Lernerfolg. Der zweiseitige **Lernwortschatz** am Kapitelende wird durch zusätzliche kleine Übungen aktiviert.

* in den Bänden B2, C1   ** im Band B1/B2

Symbole in Aspekte Beruf

   Hören Sie die Audio-Datei zur Aufgabe.
1.1

◀ Ü1 Die Aufgabe im Übungsbuchteil bereitet Sie auf diese Aufgabe im Kursbuchteil vor.

▶ Ü1 Üben Sie weiter mit der Aufgabe im Übungsbuchteil.

  Projekt- und Rechercheaufgabe

  Zu dieser Aufgabe finden Sie ein interaktives Tafelbild im Digitalen Unterrichtspaket.

Inhalt

Und was machst du so?

A Mein Name ist Narisara Phanthong. Ich bin vor zwei Jahren nach Deutschland gekommen, weil mein Mann Deutscher ist. Meine Muttersprache ist Thailändisch, aber ich spreche auch Englisch und inzwischen ganz gut Deutsch. Wir haben eine Tochter. Sie geht in die Kita, denn ich arbeite halbtags in einem großen Lager und bin Lageristin. Meine Aufgabe ist, die Waren zu kontrollieren und zu notieren, welche Waren fehlen. Meine Arbeit macht mir Spaß. Alle Kolleginnen und Kollegen sind sehr nett.

B Ich bin Tarik Osmani und komme aus dem Kosovo. Ich habe schon immer gern mit Holz gearbeitet. Es ist ein tolles Material. Man kann so viele Dinge daraus herstellen. Als ich nach Deutschland kam, wollte ich unbedingt eine Ausbildung zum Schreiner machen. Im letzten Jahr habe ich mein Ziel erreicht und meine Ausbildung mit der Note „sehr gut" abgeschlossen. Heute arbeite ich in einer kleinen Schreinerei. Wir stellen Möbel für den privaten Bedarf her. Die Arbeit ist sehr vielseitig.

Sie lernen

Auftakt | Informationen über Personen verstehen und sich vorstellen

Modul 1 | einen tabellarischen Lebenslauf schreiben

Modul 2 | in einem Beratungsgespräch berufliche Interessen herausfinden

Modul 3 | aus Anzeigen und Weiterbildungsangeboten wichtige Informationen entnehmen

KiB | am Telefon ein Anliegen nennen und um Rückruf bitten

Grammatik

Modul 1 | Tempusformen: über Vergangenes berichten

Modul 2 | Zukünftiges ausdrücken (Präsens / Futur I)

Modul 3 | Verben und Ergänzungen

C Mein Name ist Irina Danilowa und ich komme aus Kasachstan. Ich bin in einer kleinen Stadt in der Nähe von Pawlodar aufgewachsen. Dort habe ich auch die Schule besucht. Als ich in der neunten Klasse war, ist meine ganze Familie nach Deutschland gekommen. Hier habe ich zuerst eine Vorbereitungsklasse besucht, um Deutsch zu lernen. Danach konnte ich in die Realschule wechseln. Ich möchte gern eine Ausbildung zur Verwaltungsfachangestellten bei der Stadt machen. Aber ich weiß noch nicht, ob das geht.

D Mein Name ist Milad Hazrat und ich komme aus Afghanistan. Dort habe ich neun Jahre die Schule besucht und einen Abschluss gemacht. Das ist so ähnlich wie ein Realschulabschluss in Deutschland. Mein Vater hat eine kleine Autowerkstatt. Dort war ich immer nach der Schule, deshalb sind Autos bis heute mein Hobby. Hier in Deutschland möchte ich gern eine Ausbildung zum Kfz-Mechatroniker machen. Zurzeit habe ich einen Job als Kurierfahrer. Der Job ist sehr anstrengend und ich möchte das auf keinen Fall für immer machen.

E Ich bin Álvaro Prieto und komme aus Valencia. Dort bin ich bei meinen Großeltern aufgewachsen, denn mein Vater lebt und arbeitet schon viele Jahre in Deutschland. In Spanien habe ich Wirtschaft studiert und meinen Bachelor gemacht. Vor drei Jahren bin ich nach Deutschland gekommen, um meinen Vater in seinem Restaurant zu unterstützen. Mein Traum war immer, selbst ein Restaurant zu haben. Im letzten Jahr habe ich einen ersten Schritt getan: Ich habe ein kleines Café eröffnet – und das mit großem Erfolg.

1a Sehen Sie die Fotos an. Was erfahren Sie über die Personen? Was würden Sie die Person gern fragen?

b Arbeiten Sie zu fünft. Jede/r wählt eine Person und liest den Text. Informieren Sie dann die anderen in der Gruppe über Ihre Person.

c Sammeln Sie in Ihrer Gruppe Themen, über die die Personen sprechen.

1. Name und Herkunft
2. ...

d Stellen Sie sich in Ihrer Gruppe vor. Wählen Sie mindestens vier Punkte aus 1c aus und berichten Sie.

2 Machen Sie einen Kursspaziergang. Stellen Sie sich gegenseitig vor. Finden Sie drei Personen im Kurs, mit denen Sie eine Gemeinsamkeit haben.

Das bin ich

1 Was ist ein Lebenslauf und welche biografischen Angaben muss er enthalten? Sammeln Sie im Kurs.

2 a Lesen Sie die Lebensgeschichte von Rana Adi und bringen Sie die Abschnitte in die richtige Reihenfolge.

Mein Weg nach Deutschland

____ **A** Etwa die Hälfte der Prüfungsteilnehmenden musste 2011 das Abschlussjahr wiederholen, um bessere Ergebnisse zu bekommen. Wenn man 98 Prozent der Punkte erreicht, kann man z. B. Medizin
5 studieren. So gut war ich leider nicht, obwohl ich sehr viel gelernt hatte. Ich hatte aber keine Lust, noch ein Jahr in der Schule zu sitzen. Deshalb habe ich mich 2011 für das Fach Pharmazie beworben und begann noch im selben Jahr mein Studium.

10 ____ **B** Ich wurde am 25. Oktober 1993 in der Stadt Homs geboren. Mein Vater war als Ingenieur tätig. Weil ich noch drei Geschwister habe, arbeitete meine Mutter nicht. Mit fünf Jahren ging ich in die Vorschule. Das war 1998. Ein Jahr später kam ich in die
15 Grundschule und 2005 ins Gymnasium. Am Ende der zwölften Klasse legte ich die Abschlussprüfungen ab. Das ist so ähnlich wie das Abitur, aber wir nennen es „Baccalauréat". Die Prüfungen sind sehr schwierig.

20 ____ **C** Mit dem Nachweis des B2-Zertifikats konnte ich im September 2018 endlich eine Ausbildung zur Pharmazeutisch-technischen Assistentin in Frankfurt beginnen. Die Ausbildung war sehr anspruchsvoll und dauerte zwei Jahre. Ich musste sehr viel
25 lernen und war manchmal richtig verzweifelt, aber mein Ausbilder hat immer gesagt: „Rana, du hast schon so viel geschafft, das schaffst du auch noch."

Und so schloss ich meine Ausbildung 2020 mit der Note „Gut" ab. Seit der Ausbildung arbeite ich aus-
30 hilfsweise in der Löwen-Apotheke. Ich suche aber eine feste Stelle und nehme gerade an einem Bewerbungstraining teil.

____ **D** Doch dann kam der Krieg. Meine Familie hat das Land sehr früh verlassen. Das Studium
35 konnte ich nicht beenden und meine Eltern mussten alles zurücklassen, was sie sich aufgebaut hatten. Nachdem wir 2014 in Deutschland angekommen waren, besuchte ich sofort einen Sprachkurs. 2015 durfte ich ein Praktikum in der Sonnen-Apo-
40 theke in Stuttgart machen. Die Arbeit in der Apotheke machte mir sehr viel Spaß, aber ich merkte sehr schnell, dass ich noch mehr Deutsch lernen muss. Deshalb besuchte ich 2017 einen Berufssprachkurs für B2. Die B2-Prüfung habe ich mit
45 „Gut" bestanden.

b Markieren Sie in Ranas Lebensgeschichte die wichtigsten Informationen. Vergleichen Sie dann zu zweit.

▶ Ü1

STRATEGIE **wichtige Informationen in Texten finden**

Wichtige Informationen finden Sie mithilfe der Fragewörter *Wer?, Was?, Wo?, Wann?* … Markieren Sie nur die Antworten auf diese Fragen und keine kompletten Sätze. Ordnen Sie Ihre Markierungen Themen zu (z. B. Schule, Studium …). Die Themen können Sie am Rand neben den Text notieren.

3 a Mit den folgenden Zeitformen kann man Vergangenes ausdrücken. Notieren Sie zu jeder Zeitform einen Beispielsatz aus der Lebensgeschichte von Rana Adi.

Perfekt	Präteritum	Plusquamperfekt
		Nachdem wir 2014 in Deutschland angekommen waren, besuchte ich sofort einen Sprachkurs.

b Wann verwendet man welche Zeitform? Ergänzen Sie die Regel.

Über Vergangenes berichten

1. mündlich berichten: meistens _____

2. schriftlich berichten: z. B. in E-Mails/Briefen: meistens _*Perfekt*_____

                      z. B. in Zeitungsartikeln/Romanen: meistens _____

3. *haben* und *sein* / Modalverben: meistens _____

4. von einem Ereignis berichten, das vor einem anderen
Ereignis in der Vergangenheit passiert ist: _____

▶ Ü2–6

c Arbeiten Sie zu dritt. Jede/r schreibt fünf Sätze im Präteritum zu einer Station in seinem Leben auf einen Zettel und gibt ihn weiter. Berichten Sie im Perfekt, was auf dem neuen Zettel steht.

1995 kam ich in die Grundschule. Dort ...

Atiye ist 1995 in die Grundschule gekommen. Dort ...

4 a Sehen Sie sich den tabellarischen Lebenslauf von Rana Adi an und ergänzen Sie ihn mithilfe der Informationen aus 2a.

Rana Adi

geboren	25. Oktober 1993 in Homs
Anschrift	Stuttgarter Straße 25, 70734 Fellbach
Telefon/Mail	0160-33452109 / rana.adi@gmail.net

Schulbildung

_____	Besuch der Vorschule
_____–2005	Besuch der Grundschule
2005–2011	Besuch des Gymnasiums, Abschluss _____
2011	Studium _____ an der Al-Hawash Private Universität

Ausbildung und praktische Erfahrungen

2015	_____
2018–2020	_____
seit 2020	Aushilfe in der Löwen-Apotheke

weitere Kenntnisse

2014	Sprachurs, Abschluss B1
2017	_____

Hobbys und Interessen

Violine:	seit drei Jahren Unterricht
Comics:	lesen und zeichnen

b Schreiben Sie Ihren tabellarischen Lebenslauf nach dem Muster in 4a.

Welcher Beruf passt zu mir?

1a **Sehen Sie die Bilder an. Welche Berufe passen zu den Berufstypen? Welche Fähigkeiten braucht man dazu? Diskutieren Sie im Kurs.**

künstlerisch-kreativer Berufstyp

sozial-pflegerischer Berufstyp

handwerklich-technischer Berufstyp

kaufmännisch-verwaltender Berufstyp

b **Lesen Sie die Beschreibungen und ordnen Sie die Berufstypen aus 1a zu.**

_____ 1 Menschen in diesen Berufen können gut mit ihren Händen und Fingern arbeiten. Sie können sich Dinge räumlich vorstellen und verstehen technische Zusammenhänge sehr gut. Sie können Konstruktionspläne und technische Zeichnungen verstehen. Oft bauen sie Dinge aus verschiedenen Materialien oder reparieren kleinere Geräte. In diesen Berufen, zu denen z. B. Bauzeichner/innen oder Kfz-Mechatroniker/
5 innen gehören, wird nicht nur viel körperlich gearbeitet, sondern man muss dabei auch exakt und präzise sein. Denn in der Produktion oder beim Bau sind oft Präzision und Genauigkeit gefragt.

_____ 2 In Berufen, die zu diesem Berufstyp zählen, muss man sehr einfallsreich sein. Man braucht einen Blick für Design und Gestaltung, ein Talent zum Zeichnen sowie die Fähigkeit, eigene Ideen verständlich zu erklären. Abhängig vom Beruf sind weitere Talente nötig oder hilfreich, z. B. aus den Bereichen Mathematik,
10 Tanz oder Musik. Dieses Berufsfeld ist sehr breit und umfasst z. B. Architekt/innen, aber auch Friseur/innen. Man braucht häufig sehr gute Computerkenntnisse und die Fähigkeit, konzentriert zu arbeiten.

_____ 3 Menschen, die zu diesem Berufstyp gehören, haben gern mit anderen Menschen zu tun. Dazu zählen z. B. Erzieher/innen oder Pflegekräfte. Menschen in diesen Berufen können oft gut kommunizieren und haben ein hohes Einfühlungsvermögen. Sie sind bereit, anderen Menschen zu helfen, und sind oft sehr
15 teamfähig. Verantwortungsbewusstsein und Empathie sind wichtige Voraussetzungen für diese Berufe. Ein Verständnis für körperliche und psychische Zusammenhänge ist von Vorteil. Die Arbeit in diesen Berufen ist oft anstrengend.

_____ 4 Wenn man zu diesem Berufstyp gehört, kann man meistens sehr genau und sorgfältig arbeiten. Man braucht oft viel Organisationstalent und sollte Aufgaben gut strukturieren können. Vorteilhaft ist,
20 wenn man sich schriftlich und mündlich gut ausdrücken kann und Computerkenntnisse mitbringt, denn in diesen Berufen findet die Arbeit vor allem am Computer statt. Verständnis für mathematische und betriebswirtschaftliche Zusammenhänge sind oft notwendig wie z. B. bei Steuerberater/innen oder bei Industriekaufleuten. Oft sind auch gute Fremdsprachenkenntnisse wichtig.

◀ Ü1

c **Wie finden Sie die Berufstypen? Sind sie vollständig? Welchem Berufstyp ordnen Sie sich zu? Sprechen Sie in Gruppen.**

d **Recherchieren Sie je einen weiteren Beruf für die vier Berufstypen und beschreiben Sie die Tätigkeiten in diesen Berufen.**

BERUFE ODER TÄTIGKEITEN BESCHREIBEN

Typisch für diesen Beruf / diese Tätigkeit ist …

Man arbeitet in einem Büro / in einer Werkhalle / in einem Seniorenheim / …

Zu den Aufgaben in diesem Beruf gehören …

Für diesen Beruf braucht man …

◀ Ü2

1.1

2 a Hören Sie das Telefongespräch. Wo ruft Frau Petrova an und warum?

1.2

b Lesen Sie Sätze. Hören Sie dann den ersten Teil des Gesprächs. Kreuzen Sie die richtigen Sätze an.

☐ 1. Frau Petrova weiß, welchen Beruf sie ausüben möchte.
☐ 2. Sie hat schon in Bulgarien Deutsch gelernt.
☐ 3. Frau Petrova hat keine Berufserfahrung.
☐ 4. Sie hat keinen Beruf gelernt.

SPRACHE IM BERUF

sich entschuldigen

Das ist mir sehr unangenehm. Da habe ich mich geirrt.
Es tut mir wirklich leid. Das hatte ich wohl missverstanden.
Das ist mir etwas peinlich, aber ich habe mir das falsch notiert.

▶ Ü3

1.3

c Hören Sie den zweiten Teil des Gesprächs. Was vermuten Sie: Welcher Berufstyp passt zu Frau Petrova? Begründen Sie Ihre Vermutung.

1.4

d Hören Sie das Ende des Gesprächs und vergleichen Sie mit Ihren Vermutungen aus 2c.

3 a Über die Zukunft sprechen. Ergänzen Sie die Regel und ordnen Sie die Beispiele zu.

A Ich werde pünktlich da sein.   B Ich bin morgen pünktlich da.

Zukünftiges ausdrücken

Präsens: oft mit Zeitangabe (z. B. *morgen, in zwei Jahren*)

Beispiel: _____

Futur I: „_____" + Infinitiv

Beispiel: _____

b Arbeiten Sie zu zweit. Jede/r formuliert abwechselnd einen Satz im Präsens mit Zeitangabe. Der/Die andere fragt nach und benutzt das Futur I.

> eine Ausbildung zu … machen   umziehen   mich als … bewerben   den Arbeitsvertrag unterschreiben
> eine Weiterbildung besuchen   ein Praktikum in … beginnen   zu einem Vorstellungsgespräch gehen

Ich mache im nächsten Jahr eine Ausbildung zur Industriekauffrau.

Wirklich? Du wirst im nächsten Jahr eine Ausbildung zur Industriekauffrau machen?

▶ Ü4–5

4 a Welchen beruflichen Traum haben Sie? Welche Schritte sind dafür notwendig? Notieren Sie Ihren Namen und Stichworte auf einem Zettel. Dann werden die Zettel gemischt und verteilt.

> *Nora*
> *Zukunftstraum: eigenes Café eröffnen, Spezialitäten: selbstgebackene Kuchen, gute Musik*
> *Realisierung: Kurs für Gründer/innen besuchen, jede Woche neue Kuchenrezepte ausprobieren*

b Ziehen Sie einen Zettel und stellen Sie die Person vor. Sagen Sie nicht den Namen. Die anderen raten.

Diese Person will ein eigenes Café eröffnen. Sie wird in dem Café selbstgebackene Kuchen anbieten und …

Was nun?

1 a Sehen Sie das Foto an. Würden Sie diesen Beruf gern ausüben? Warum? Warum nicht?

b Lesen Sie den Text. Welche Informationen erhalten Sie zu den drei Punkten? Sprechen Sie im Kurs.

Beruf und Ausbildung
Anforderungen an den Beruf
Karims Problem

Karim Sedat ist seit 20 Jahren Fensterputzer von Beruf. Er hat auch seinen Meister als Gebäudereiniger gemacht und kann Azubis ausbilden. Er arbeitet gern mit jungen Leuten und zeigt seinen Azubis jede Aufgabe genau. Für den 52-Jährigen ist das Arbeiten in bis zu 100 Metern Höhe Routine. Trotzdem ist er immer vorsichtig, besonders wenn es sehr windig ist. Karim vergleicht seine Tätigkeit gern mit dem Klettersport: Man darf keine Angst vor Höhe haben, man muss gesichert sein und das Team muss gut zusammenarbeiten. Wenn das alles zutrifft, dann kann auch nichts Schlimmes geschehen. Einen Unfall beim Fensterputzen hatte er jedenfalls noch nicht. Allerdings merkt Karim mit dem Alter, dass ihm dieser Beruf immer schwerer fällt und ihm die Arbeit nicht mehr so gut gefällt. Karim würde gern etwas anderes machen. Deshalb hat er sich nach langem Überlegen zu einem Jobwechsel entschieden. Er freut sich auf einen beruflichen Neustart.

▶ Ü1

2 a Karim Sedat hat zwei interessante Anzeigen gefunden. Lesen Sie. Um welche Angebote handelt es sich?

A

 FACILITY MANAGER/-IN (IHK)

Dieses Weiterbildungsangebot findet hauptsächlich im Präsenzlernen statt, doch einige Lerninhalte werden auch online präsentiert.

Die Kursunterlagen werden Ihnen rechtzeitig per E-Mail als pdf zur Verfügung gestellt.

Das Seminar richtet sich an:
Mitarbeitende im Facility Management, Unternehmen, Quer- und Seiteneinsteiger, Neueinsteiger ins Thema Facility Management

Ihr Abschluss:
IHK-Zertifikat Facility Manager/-in (IHK)

Umfang der Weiterbildung:
268 UE

Wochentage und Zeiten:
freitags, samstags 09:00–16:00 Uhr, vereinzelt online

Kosten:
3.500 € (Die Agentur für Arbeit übernimmt die Kosten auf Antrag.)

B

Objektleiter/in gesucht (m/w/d)

Die Müller Cleaning GmbH bietet ihren Kunden und Kundinnen individuelle Reinigungskonzepte. Zu unseren Dienstleistungen zählen u. a. Reinigungen ganzer Grundstücke, Glas- und Fassadenreinigungen oder die Außenanlagenpflege.

Ihre Aufgaben:
– regelmäßige Kommunikation mit unseren Kunden und Kundinnen
– kompetente Führung des Reinigungspersonals
– Personalplanung und das Erstellen von Dienstplänen

Ihr Profil:
– Pkw-Führerschein (Klasse B)
– PC-Kenntnisse und Erfahrung in der Kundenbetreuung
– Quereinstieg möglich

Wie bieten:
– Firmenwagen auch zur privaten Nutzung
– Gehalt: ca. 3.000–3.500 €
– Diensthandy

b Arbeiten Sie zu zweit. Notieren Sie für jedes Angebot Vorteile und Nachteile. Überlegen Sie dann, für welches Angebot sich Karim entscheiden könnte.

	Vorteile	Nachteile
Angebot A	– *interessante Ausbildung*	
Angebot B		

c Interessiert Sie ein Angebot aus 2a? Warum? Warum nicht?

ÜBER EIGENE VORSTELLUNGEN SPRECHEN

Ich hätte (keine) Lust, …   Für mich wäre es (nicht) gut, …

Ich würde (nicht) gern …   Für mich wäre es wichtig, …

Ich finde … super/uninteressant/…   Ich hätte (kein) Interesse an …

▶ Ü2

3 a Ordnen Sie die Sätze zu und notieren Sie den Infinitiv.

> Die Arbeit gefällt ihm nicht mehr so gut.   Er freut sich auf einen beruflichen Neustart.
>
> ~~Karim Sedat ist Fensterputzer.~~   Karim hat seinen Meister gemacht.
>
> Er zeigt den Azubis jede Aufgabe genau.   Karim hat sich zu einem Jobwechsel entschieden.

Verben und Ergänzungen	Beispielsatz	Infinitiv
1. Verb + Nominativ	*Karim Sedat ist Fensterputzer.*	*sein*
2. Verb + Akkusativ	_____	_____
3. Verb + Dativ	_____	_____
4. Verb + Dativ + Akkusativ	_____	_____
5. Verb + Präposition + Akkusativ*	_____	_____
6. Verb + Präposition + Dativ*	_____	_____

* Statt der Präposition mit Dativ oder Akkusativ kann man bei Sachen und Ereignissen auch Präpositional-adverbien mit *da(r)*- benutzen: *Karim hat sich **dazu** entschieden. / Er freut sich **darauf**.*

b Sammeln Sie weitere Verben mit Beispielsatz und machen Sie Kursplakate für jede Verbgruppe.

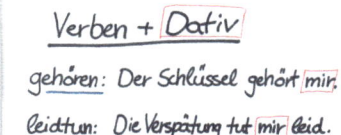

Verben + Dativ

gehören: Der Schlüssel gehört mir.

leidtun: Die Verspätung tut mir leid.

▶ Ü3–8

 4 a Arbeiten Sie zu viert. Jede/r beschreibt einen Beruf, ohne ihn zu nennen. Notieren Sie zuerst fünf Sätze (z. B. Tätigkeiten, Arbeitsort …).

In diesem Beruf beschäftigt man sich jeden Tag mit Menschen. Man hilft ihnen dabei, sich zu bewegen. Man fährt zu den Patienten nach Hause oder arbeitet in einer Praxis. …

b Jede/r liest seine/ihre Sätze in der Gruppe vor. Die anderen raten.

Kommunikation im Beruf

1a Wegen einer Stelle oder einer Weiterbildung telefonieren. Hören Sie das Gespräch. Welche Formulierungen benutzt der Anrufer? Kreuzen Sie an.

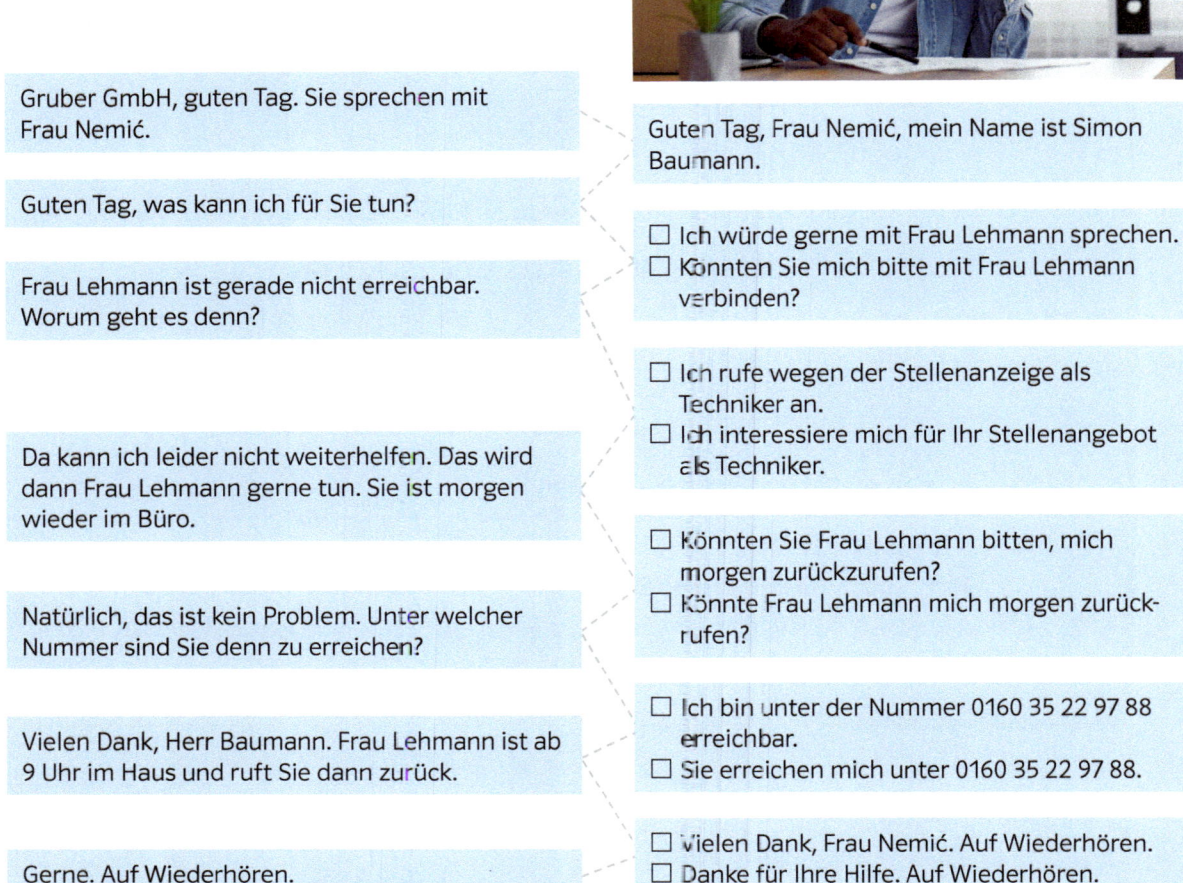

Gruber GmbH, guten Tag. Sie sprechen mit Frau Nemić.

Guten Tag, Frau Nemić, mein Name ist Simon Baumann.

Guten Tag, was kann ich für Sie tun?

☐ Ich würde gerne mit Frau Lehmann sprechen.
☐ Könnten Sie mich bitte mit Frau Lehmann verbinden?

Frau Lehmann ist gerade nicht erreichbar. Worum geht es denn?

☐ Ich rufe wegen der Stellenanzeige als Techniker an.
☐ Ich interessiere mich für Ihr Stellenangebot als Techniker.

Da kann ich leider nicht weiterhelfen. Das wird dann Frau Lehmann gerne tun. Sie ist morgen wieder im Büro.

☐ Könnten Sie Frau Lehmann bitten, mich morgen zurückzurufen?
☐ Könnte Frau Lehmann mich morgen zurückrufen?

Natürlich, das ist kein Problem. Unter welcher Nummer sind Sie denn zu erreichen?

☐ Ich bin unter der Nummer 0160 35 22 97 88 erreichbar.
☐ Sie erreichen mich unter 0160 35 22 97 88.

Vielen Dank, Herr Baumann. Frau Lehmann ist ab 9 Uhr im Haus und ruft Sie dann zurück.

☐ Vielen Dank, Frau Nemić. Auf Wiederhören.
☐ Danke für Ihre Hilfe. Auf Wiederhören.

Gerne. Auf Wiederhören.

b Hören Sie noch einmal und spielen Sie dann das Gespräch zu zweit.

2a Üben Sie zu zweit die beiden Telefongespräche. Tauschen Sie die Rollen und nutzen Sie Formulierungen aus 1a.

Situation A
Sie interessieren sich für eine Weiterbildung bei der Industrie- und Handelskammer IHK. Sie erreichen den zuständigen Sachbearbeiter Herrn Dimov nicht, sondern nur eine Person in der Zentrale. Sagen Sie, worum es geht, und bitten Sie um einen Rückruf von Herrn Dimov.

Situation B
Sie interessieren sich für die Stelle als Objektleiter/in bei der Müller Cleaning GmbH und wollen Frau Alvaros sprechen. Leider ist sie nicht mehr im Büro, deshalb meldet sich eine Person in der Zentrale. Äußern Sie Interesse an der Stelle und bitten Sie um einen Rückruf von Frau Alvaros.

b Arbeiten Sie zu viert. Zwei spielen ein Gespräch aus 2a und sitzen dabei Rücken an Rücken. Die anderen notieren: Was ist gut gelaufen? Was könnte man besser machen? Besprechen Sie die Tipps in der Gruppe. Danach spielen die beiden anderen ein Gespräch.

1 Tempusformen: über Vergangenes berichten

Präteritum	Perfekt	Plusquamperfekt
Funktion • von Ereignissen schriftlich berichten, z. B. in Zeitungsartikeln, Romanen • mit Hilfs- und Modalverben berichten	**Funktion** von Ereignissen mündlich oder schriftlich berichten, z. B. in E-Mails, Briefen	**Funktion** von Ereignissen berichten, die vor einem anderen Ereignis in der Vergangenheit passiert sind
Bildung • *regelmäßige Verben:* Verbstamm + Präteritumsignal -*t-* + Endung (z. B. *machen – machte, dauern – dauerte*) • *unregelmäßige Verben:* Präteritumstamm + Endung (z. B. *gehen – ging, kommen – kam*) keine Endung bei 1. und 3. Person Singular	**Bildung** *haben/sein* im Präsens + Partizip II **Bildung Partizip II** • regelmäßige Verben: ohne Präfix: *schaffen – **ge**schaff**t*** trennbares Verb: *aufbauen – auf**ge**bau**t*** untrennbares Verb: *besuchen – besuch**t*** Verben auf -*ieren*: *studieren – studier**t*** • unregelmäßige Verben: ohne Präfix: *bestehen – bestand**en*** trennbares Verb: *ankommen – an**ge**komm**en*** untrennbares Verb: *beginnen – begonn**en***	**Bildung** *haben/sein* im Präteritum + Partizip II

Ausnahmen: *kennen – kannte – habe gekannt*   *bringen – brachte – habe gebracht*
               denken – dachte – habe gedacht   *wissen – wusste – habe gewusst*

2 Zukünftiges ausdrücken

Zukünftiges kann man mit zwei Tempusformen ausdrücken.

Präsens (oft mit Adverbien und anderen Zeitangaben)	*Ich **bin** morgen pünktlich da.*
Futur I (*werden* + Infinitiv)	*Ich **werde** (morgen) pünktlich da **sein**.*

3 Verben und Ergänzungen

Das Verb bestimmt, wie viele Ergänzungen in einem Satz stehen müssen und welchen Kasus sie haben.

Verb + Nominativ: *Karim Sedat ist Fensterputzer.*
Verb + Akkusativ: *Karim hat seinen Meister gemacht.*
Verb + Dativ: *Die Arbeit gefällt ihm nicht mehr so gut.*
Verb + Dativ + Akkusativ: *Er zeigt den Azubis jede Aufgabe genau.*
Verb + Präposition + Akkusativ*:   *Er freut sich auf einen beruflichen Neustart.*
Verb + Präposition + Dativ*:   *Karim hat sich zu einem Jobwechsel entschieden.*

* Statt der Präposition mit Dativ oder Akkusativ kann man bei Sachen und Ereignissen auch Präpositionaladverbien mit *da(r)-* benutzen: *Karim hat sich **dazu** entschieden. / Er freut sich **darauf**.*

Die Reihenfolge der Objekte im Satz ist von der Wortart der Objekte abhängig:

Die Objekte sind:	Beispiele	Reihenfolge
Nomen	*Er zeigt den Azubis jede Aufgabe.*	erst Dativ, dann Akkusativ
Nomen und Pronomen	*Er zeigt ihnen jede Aufgabe.* *Er zeigt sie den Azubis.*	erst Pronomen, dann Nomen
Pronomen	*Er zeigt sie ihnen.*	erst Akkusativ, dann Dativ

Ich freue mich auf Ihre Zusage

1. Was interessiert Sie?

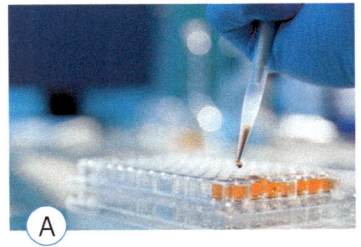
A

B

C

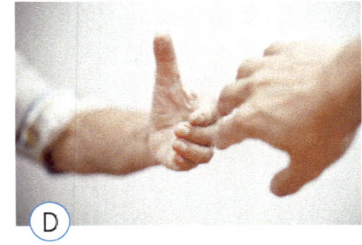
D

E

F

2. Was können Sie gut?

- A analysieren
- B erklären
- C reparieren
- D produzieren/entwickeln
- E organisieren
- F verkaufen
- G pflegen
- H transportieren

3. Wo möchten Sie am liebsten arbeiten?

A

B

C

D

E

F

Sie lernen

Auftakt | über berufliche Vorlieben sprechen
Modul 1 | Jobangebote verstehen und ein Formular ausfüllen
Modul 2 | ein kurzes Vorstellungsgespräch führen
Modul 3 | einem Firmenwiki und einem Stundenzettel Informationen entnehmen
KiB | Grafiken beschreiben

Grammatik

Modul 1 | Adjektivdeklination, Komparativ und Superlativ
Modul 2 | reflexive Verben
Modul 3 | Konnektoren: Kausal-, Konzessiv- und Konsekutivsätze

4. Womit arbeiten Sie am liebsten?

5. Was stört Sie am meisten?

(A) Lärm, Hitze, anstrengende körperliche Tätigkeit

(B) Monotonie, Langeweile

(C) Stress, Termindruck, Hektik

(D) Großraumbüro, schlechte Ausstattung

(E) Schicht-, Nacht- und Wochenendarbeit

(F) schlechte Bezahlung, schlechte Karrierechancen

(G) lange Anfahrt, viele Dienstreisen

(H) unfreundliche Vorgesetzte oder Kollegen/ Kolleginnen, schlechte Stimmung

6. Wie arbeiten Sie am liebsten?

1a Lesen Sie die Fragen. Was passt am besten zu Ihnen? Mehrere Antworten sind möglich.

b Tauschen Sie die Bücher und sehen Sie sich an, was Ihr Partner / Ihre Partnerin angekreuzt hat. Geben Sie sich Feedback und Tipps für die berufliche Zukunft.

> *Ich sehe, du interessierst dich für …*

> *Hast du schon einmal überlegt, …?*

> *Du könntest auch …*

> *Möchtest du gerne im Bereich … arbeiten?*

 2 Kurzinterviews. Wer hat einen interessanten Beruf? Notieren Sie zu zweit drei bis fünf Fragen für eine/n Bekannte/n in Ihrem Umfeld. Befragen Sie ihn/sie und präsentieren Sie das Ergebnis im Kurs.

Welche Tätigkeit in deinem Beruf macht dir besonders viel Spaß?
Wie war dein beruflicher Werdegang? Hast du …?
Was würdest du mir raten, wenn …?

Neues ausprobieren

1 **Welche Möglichkeiten gibt es, (neue) Berufe auszuprobieren? Welche Erfahrungen haben Sie gemacht? Sammeln Sie in Gruppen.**

Beim Praktikum im Krankenhaus habe ich schnell gemerkt, dass mir die Arbeit keinen Spaß macht.
Ich habe leider noch keine beruflichen Erfahrungen in Deutschland.
Zuerst hatte ich nur einen Aushilfsjob in einer Bäckerei, aber dann haben sie mir angeboten ...

2 a **Lesen Sie die Anzeigen. Was wird angeboten? Notieren Sie.**

1. Aushilfstätigkeit im Bereich *Gastronomie* : Anzeige *B*

2. Minijob im Bereich _____: Anzeige ____

3. Zeitarbeit im Bereich _____: Anzeige ____

4. Praktikum im Bereich _____: Anzeige ____

A Lust auf eine neue Herausforderung?

erschienen: vor 51 Minuten / AX-302

Der Pflegedienst *Helmut* sucht zur Unterstützung motivierte Kollegen und Kolleginnen auf Minijob-Basis. Erfahrung im Pflegebereich wäre ideal, ist aber keine Voraussetzung. Wir bieten eine praxisorientierte Einarbeitung.
Interessiert? Dann melden Sie sich am besten gleich bei uns. **Bewerben Sie sich hier**. Wir freuen uns auf Sie!
Ansprechpartnerin: Josefine Pauls

C Zeitarbeitsfirma Futurikox

erschienen: vor 8 Stunden 46 Minuten / CX-414

 Für ein Industrieunternehmen in der Umgebung suchen wir für ein einjähriges Projekt ab sofort *Kaufleute für Spedition / Logistikdienstleistung.* Wir sind der erfolgreichste Personalspezialist in der Region mit den meisten Kontakten.
Bewerben Sie sich bei uns und profitieren Sie von uns – wir bringen Sie in die besten Unternehmen!
Wir beraten Sie gerne.
Ihr Traumjob ist nur wenige Klicks entfernt! –
futurikox@futurikox.com

B Café Libello sucht Verstärkung

erschienen: vor 7 Stunden 5 Minuten / BX-412

Für unser Café neben der Uni suchen wir ab sofort eine freundliche und zuverlässige Aushilfe mit einem gepflegten Auftreten. Möglich ist die direkte Übernahme von Schichten am Vormittag oder Nachmittag. Bitte geben Sie bei Interesse an, wann Sie verfügbar sind.
Café Libello, info@café_libello.de, Herr Westphal oder bewerben Sie sich über das Portal.

D Die Zukunft ist online!

erschienen: vor 2 Stunden 23 Minuten / DX-305

Interessierst du dich für Online-Marketing? Digitale Kampagnen und kreative Ideen sind dein Ding? **Profidubi-Marketing** ist das innovativste B2B-eCommerce-Unternehmen in Leipzig.

Wir bieten dir die perfekten Voraussetzungen, um bei einem Praktikum für drei Monate in das Berufsfeld reinzuschnuppern.

Nähere Infos findest du auf unserer Website
www.profidubi-marketing.com oder
bewirb dich jetzt hier.

▶ Ü1

---

b **In welcher Anzeige steht das? Kreuzen Sie an. Mehrere Antworten sind möglich.**

	A	B	C	D
1. Man kann flexibel vormittags oder nachmittags arbeiten.	☐	☐	☐	☐
2. Die Tätigkeit ist zeitlich befristet.	☐	☐	☐	☐
3. Man braucht keine Erfahrung in diesem Bereich.	☐	☐	☐	☐
4. Man wird begleitet, bis man alle Tätigkeiten kann.	☐	☐	☐	☐

▶ Ü2 **c** **Welche Anzeige finden Sie interessant, welche nicht so? Warum? Sprechen Sie zu zweit.**

3 a Wie füllt man ein Online-Bewerbungsformular aus? Streichen Sie die jeweils schlechtere Variante.

Anzeige:	AX-302	die Anzeige mit der Aushilfe
Name:	Steffi	Estefania Hense
zeitliche Verfügbarkeit:	immer	ganztags
frühestmöglicher Antrittstermin:	1. Juni	8 Uhr
Qualifikationen:	viele	Schulabschluss, Praktikum
Berufserfahrung:	ja, seit 5 Jahren	noch nicht so viel
Kontaktdaten:	steffi92@mail.com	e.hense@mail.com

b Bewerben Sie sich auf eine der Anzeigen aus 2a. Ergänzen Sie Ihre persönlichen Angaben im Formular.

Anzeige: _____

Name: _____

zeitliche Verfügbarkeit: _____

frühestmöglicher Antrittstermin: _____

Qualifikationen: _____

Berufserfahrung: _____

Kontaktdaten: _____

c Haben Sie schon mal ein Online-Bewerbungsformular ausgefüllt? Welche weiteren Informationen werden manchmal verlangt? Welche Unterlagen muss man meistens hochladen? Sammeln Sie im Kurs.

4 a Markieren Sie die Adjektive in den Anzeigen in 2a und ordnen Sie sie mit Artikel und Nomen in die Tabelle.

G

Adjektivdeklination		
	Typ I: mit bestimmtem Artikel	**Typ II: mit unbestimmtem Artikel**
Singular	das innovativste Unternehmen	eine neue Herausforderung
Plural	den meisten Kontakten	motivierte Kollegen und Kolleginnen

Komparative und Superlative, die vor Nomen stehen, müssen dekliniert werden.
Komparativ: Adjektiv + Endung *-er* + Kasusendung
Superlativ: Adjektiv + *-(e)st* + Kasusendung (nur mit bestimmtem Artikel, *am* entfällt)

b Erstellen Sie in zwei Gruppen Lernplakate mit den Adjektivendungen im Singular und Plural. Jede Gruppe übernimmt einen Typ.

▶ Ü3–7

STRATEGIE **mit Plakaten lernen**
Mit einem Lernplakat kann man komplexen Lernstoff visuell darstellen. Mit Zeichen, Farben, Symbolen usw. kann man Zusammenhänge vereinfachen oder hervorheben.

5 Schreiben Sie ein persönliches Stellengesuch für einen Aushang im Supermarkt oder für ein Jobportal. Verwenden Sie passende Adjektive.

• Was suchen Sie? / Was bieten Sie an?

• Welche Erfahrungen/Qualifikationen haben Sie?

• Ihre Verfügbarkeit

• Ihre Kontaktdaten

◀ Ü8

Wann wären Sie verfügbar?

1a Frau Perit hat sich bei einem Lieferservice beworben. Lesen Sie das Formular und überlegen Sie zu zweit: Welche Fragen könnte man ihr im Vorstellungsgespräch stellen? Machen Sie Notizen.

Vite-Versand – Ihre Bewerbung

Name:	Mariza Perit
gewünschte Stundenzahl:	20
zeitliche Verfügbarkeit:	vormittags
mögliche Wochentage:	egal
Berufserfahrung:	Ja
Mobil / Führerschein:	Ja
eigenes Fahrzeug:	E-Bike
Alter:	24
Kontaktdaten:	0161/4567778, MPerit@mymail.com

1.6–7

b Hören Sie das Vorstellungsgespräch von Frau Perit mit der Chefin von Vite-Versand. Welche Vermutungen aus 1a haben sich bestätigt? Welche nicht?

1.6

c Hören Sie den ersten Teil des Gesprächs noch einmal. Korrigieren Sie die Sätze.

1. Das Gespräch war lange vorher geplant.
2. Frau Perit und Frau Dänzert telefonieren.
3. Frau Dänzert möchte wissen, ob Frau Perit am Nachmittag arbeiten kann.

1.7

d Hören Sie nun den zweiten Teil des Gesprächs. Welche Information ist richtig? Kreuzen Sie an.

1. Frau Perit soll ☐ einen ganzen Tag ☐ einen halben Tag zur Probe arbeiten.
2. ☐ Frau Dänzert ☐ Ein Kollege zeigt Frau Perit, was sie tun muss.
3. Frau Perit wird für die Probearbeit ☐ bezahlt ☐ nicht bezahlt.

2a Wer sagt das im Vorstellungsgespräch? Ergänzen Sie *Interessent/in* und *Arbeitgeber/in*.

EIN VORSTELLUNGSGESPRÄCH FÜHREN

A _____	B _____
Ich habe mich als … / um die Stelle / um den Job als … beworben, weil …	Schön, dass Sie sich bei uns vorstellen / dass wir uns persönlich kennenlernen.
Ich habe Berufserfahrung als … / schon als / bei … gearbeitet.	Haben Sie Erfahrung mit … / im Bereich …? / Waren Sie schon einmal als … tätig?
Ich habe eine Ausbildung zu … / ein Praktikum bei … gemacht.	Wären Sie auch nachmittags / am Wochenende / … verfügbar?
Ich kenne mich mit … aus.	Hätten Sie nächsten Montag/… / am … Zeit für einen Probetag?
Ich interessiere mich für … / Ich habe Fragen zu … / Ich möchte mich gern über … informieren.	Auf den Probetag / den ersten Arbeitstag / … müssen Sie sich nicht vorbereiten.
Wie ist die Bezahlung / der Dienstplan / … geregelt?	Haben Sie noch weitere Fragen?
	Ich bedanke mich für das Gespräch. Wir freuen uns auf Sie.

b Führen Sie kurze Vorstellungsgespräche. Verwenden Sie dabei die Formulierungen aus 2a.

1A Sie haben sich online auf ein Praktikum ab August in einem Handwerksbetrieb beworben. Sie haben folgende Fragen: Dauer des Praktikums? Aufgaben? Bezahlung?

2A Sie interessieren sich für einen Aushilfsjob als Kellner/in in einem Bistro und haben bereits Berufserfahrung im Café. Sonntags haben Sie keine Zeit. Sie haben folgende Fragen: Schicht am Samstag? Stundenlohn?

1B Sie sind Handwerkermeister/in und freuen sich auf einen Praktikanten / eine Praktikantin. Sie wollen folgende Punkte besprechen: Berufserfahrung im Handwerk? Beginn ab September möglich? Leider keine Bezahlung.

2B Sie führen ein Bistro und suchen dringend Verstärkung im Service, vor allem am Wochenende. Sie wollen folgende Punkte besprechen: Berufserfahrung in der Gastronomie? Verfügbarkeit am Wochenende? Bezahlung: Mindestlohn + Trinkgeld

3 a Markieren Sie in 2a die reflexiven Verben. Wählen Sie dann drei Verben und schreiben Sie Beispielsätze.

Ich kenne mich mit Computerprogrammen sehr gut aus.

b Welche anderen reflexiven Verben kennen Sie? Sammeln Sie in Gruppen und vergleichen Sie im Kurs.

c Lesen Sie die Beispiele. Markieren Sie dann die Verben und die Reflexivpronomen. Welches Beispiel gehört zu welcher Regel?

A Ich verstehe mich gut mit meinen Kollegen und Kolleginnen.
Ich verstehe diese Anfrage nicht.

B Ich habe mich entschlossen, wieder zu arbeiten.
Er bewirbt sich auf ein Stellenangebot.

reflexive Verben

1. Manche Verben sind **immer** reflexiv. ____

2. Manche Verben können reflexiv sein oder mit einer Akkusativergänzung stehen. ____

C Ich ziehe mich an.
Ich ziehe mir die Arbeitskleidung an.

D Ich wünsche mir mehr Gehalt.
Merk dir, was diese Vorschrift bedeutet.

3. Reflexivpronomen stehen normalerweise im Akkusativ. Gibt es eine Akkusativergänzung, steht das Reflexivpronomen im Dativ. ____

4. Bei manchen Verben steht das Reflexivpronomen **immer** im Dativ. Diese Verben brauchen **immer** eine Akkusativergänzung (Nomen, Pronomen, Infinitiv mit *zu* oder Nebensatz). ____

▶ Ü2–5

4 Überlegen Sie sich zu zweit eine kurze Geschichte mit den Verben und erzählen Sie.

| sich interessieren | sich bewerben | sich vorstellen | sich kennenlernen | sich bemühen |
| sich gut verstehen | sich verabreden | sich verlieben | sich wünschen |

Das Firmenwiki

1a Herr Kouadri ist neu im Unternehmen. Sehen Sie das Firmenwiki an. Wo findet er Informationen zu den Punkten A–D?

A Informationen zur IT-Abteilung
B Mittagessen in der Kantine
C Kurse zur internen Fortbildung
D Anzahl der Mitarbeiten

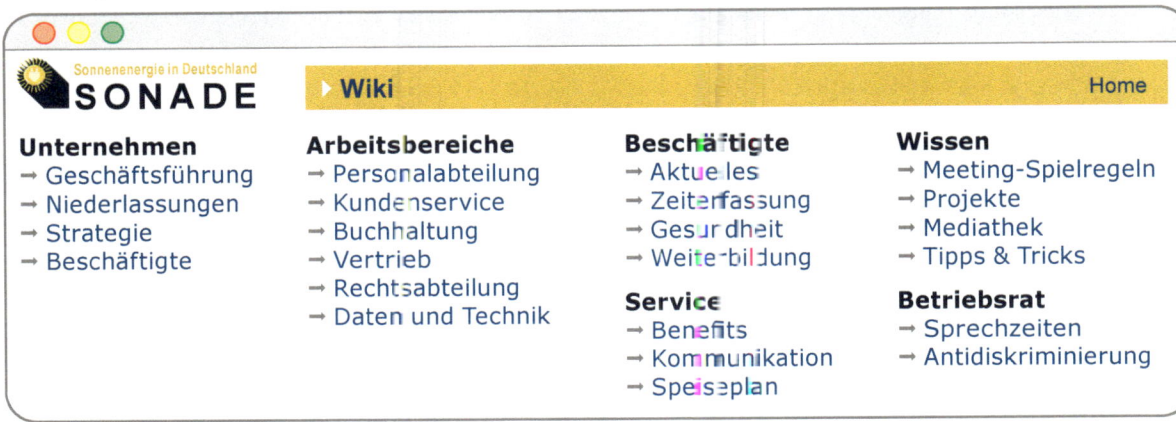

Sonnenenergie in Deutschland SONADE ▸ Wiki | Home

Unternehmen	Arbeitsbereiche	Beschäftigte	Wissen
→ Geschäftsführung	→ Personalabteilung	→ Aktuelles	→ Meeting-Spielregeln
→ Niederlassungen	→ Kundenservice	→ Zeiterfassung	→ Projekte
→ Strategie	→ Buchhaltung	→ Gesundheit	→ Mediathek
→ Beschäftigte	→ Vertrieb	→ Weiterbildung	→ Tipps & Tricks
	→ Rechtsabteilung		
	→ Daten und Technik	**Service**	**Betriebsrat**
		→ Benefits	→ Sprechzeiten
		→ Kommunikation	→ Antidiskriminierung
		→ Speiseplan	

▶ Ü1

b Auf welcher Seite des Firmenwikis befindet sich diese Information? Ergänzen Sie die Überschrift und die Rubrik.

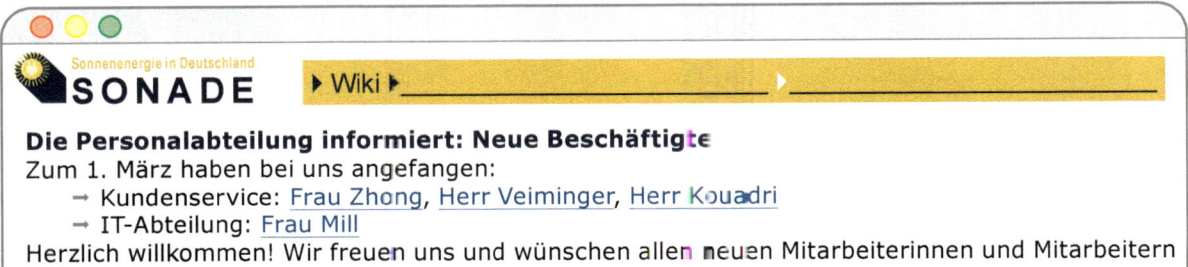

Sonnenenergie in Deutschland SONADE ▸ Wiki ▸ _____ ▸ _____

Die Personalabteilung informiert: Neue Beschäftigte
Zum 1. März haben bei uns angefangen:
→ Kundenservice: Frau Zhong, Herr Veiminger, Herr Kouadri
→ IT-Abteilung: Frau Mill
Herzlich willkommen! Wir freuen uns und wünschen allen neuen Mitarbeiterinnen und Mitarbeitern einen guten Start im Unternehmen!
Bei Fragen wenden Sie sich gerne an Herrn Meise.

1.8

2a Herr Kouadri ruft bei der Personalabteilung an. Was ist sein Problem? Hören Sie das Gespräch und kreuzen Sie an.

a Er will nicht am Wochenende arbeiten.
b Er sucht Informationen zur Zeiterfassung.
c Er hat Fragen zur Bezahlung.

b Lesen Sie die Sätze und ergänzen Sie die Konnektoren.

weil	obwohl	denn	sodass	trotzdem	deshalb

1. a Herr Kouadri ruft an, _____ er Fragen zum Firmenwiki und zur Zeiterfassung hat.

   b Herr Kouadri ruft an, _____ er hat Fragen zum Firmenwiki und zur Zeiterfassung.

2. a _____ er sich schon mit dem Firmenwiki beschäftigt hat, findet er es kompliziert.

   b Er hat sich schon mit dem Firmenwiki beschäftigt, _____ findet er es kompliziert.

3. a Er arbeitet am Wochenende, _____ er eine Wochenendzulage bekommen soll.

   b Er arbeitet am Wochenende, _____ soll er eine Wochenendzulage bekommen.

c Was drücken die Sätze mit Konnektor in 2b aus? Ordnen Sie die Konnektoren in die Tabelle.

Konnektoren: Kausal-, Konzessiv- und Konsekutivsätze	Grund (kausal)	Gegengrund (konzessiv)	Folge (konsekutiv)
Hauptsatz + Nebensatz	weil		so …, dass
Hauptsatz + Hauptsatz		✕	✕
Hauptsatz + Hauptsatz mit Inversion (Verb direkt hinter dem Konnektor)	✕		darum, daher, deswegen,

▶ Ü2–4

3 a Verbinden Sie die Sätze mit den Konnektoren. Achten Sie auf die Wortstellung.

1. Frau You ist umgezogen. Frau You bewirbt sich um eine neue Stelle. (weil / denn)
2. Frau Klein hat viele Bewerbungen geschrieben. Frau Klein hat noch keine Einladung zum Vorstellungsgespräch bekommen. (obwohl / trotzdem)
3. Herr Fils ist neu in der Abteilung. Herr Fils muss sich erst einarbeiten. (sodass / deshalb)
4. Herr Humphry hat seine Ausbildung erfolgreich beendet. Herr Humphry lädt seine Freunde zu einer Party ein. (weil / deshalb)

1. Frau You bewirbt sich um eine neue Stelle, weil sie …

b Arbeiten Sie zu zweit. Beginnen Sie einen Satz wie im Beispiel. Ihr Partner / Ihre Partnerin beendet den Satz. Wechseln Sie dann. Jede/r sagt fünf Sätze.

Sie liebt Zahlen, deshalb …

… arbeitet sie bei der Bank. Er arbeitet viel, trotzdem …

4 a Sehen Sie sich die Arbeitszeiterfassung von Herrn Kouadri an. Was könnten die Abkürzungen und Angaben bedeuten? Sprechen Sie im Kurs.

Mitarbeiter/in: **Ismael Kouadri** Mitarbeiternummer: **456.767** Monat: **März 20XX**

Datum	Beginn	Ende	Pause	Soll (h)	Ist (h)	Üstd (min)	Glz (min)
Di, 1.	7:30	16:30	12:30–13:30	8:00	8:00	-	-
Mi, 2.	7:30	16:40	12:30–13:10	8:00	8:30	30	-
Do, 3.	7:25	16:15	12:30–13:15	8:00	7:50	-	-10
Fr, 4.	7:30	16:00	13:00–13:30	8:00	8:00	-	-
Sa, 5.				0:00			

b Frau Heinze ruft zurück. Hören Sie das Gespräch und ergänzen Sie die Sätze. (1.9)

1. Die Wochenendzulage sieht Herr Kouadri _____.

2. So viele Minus- oder Überstunden darf man bei Sonade maximal haben: _____.

3. Die Mittagspause soll mindestens _____ lang sein.

c Welche Erfahrungen haben Sie mit Zeiterfassung, Pausenregelungen und Arbeitszeiten gemacht? Tauschen Sie sich in Gruppen aus.

Also, wir haben leider keine Gleitzeit, aber …

In meiner Ausbildung waren die Pausen so geregelt: …

▶ Ü5

Kommunikation im Beruf

1a Über Grafiken sprechen. Sehen Sie die Bilder an. Welche Sätze passen? Ordnen Sie zu.

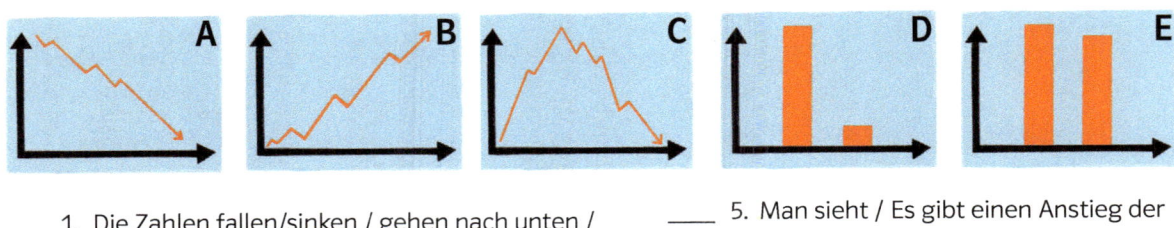

_____ 1. Die Zahlen fallen/sinken / gehen nach unten / sind niedriger als …

_____ 2. Die Zahlen sind nicht stabil.

_____ 3. Man sieht / Es gibt einen Rückgang der Zahlen.

_____ 4. Der Unterschied ist groß/hoch/deutlich.

_____ 5. Man sieht / Es gibt einen Anstieg der Zahlen.

_____ 6. Der Unterschied ist klein/gering.

_____ 7. Die Zahlen steigen / gehen nach oben / sind höher als …

_____ 8. Die Zahlen schwanken.

b Beschreiben Sie die Entwicklungen in den Grafiken mit Ausdrücken aus 1a. Sprechen Sie zu zweit.

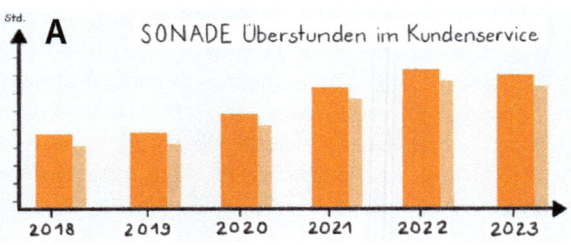

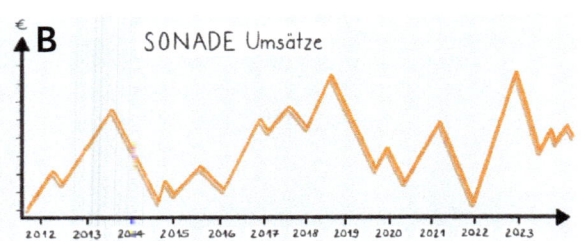

> *Es gibt einen Anstieg der Überstunden im Jahr …*

> *Ja, die Zahlen sind …*

2a Sehen Sie die Grafik an. Zu welchen Punkten gibt sie Informationen? Kreuzen Sie an und vergleichen dann Sie zu zweit.

☐ 1. Wer macht Überstunden?
☐ 2. In welchen Firmen gibt es Überstunden?
☐ 3. Anzahl der Überstunden pro Person
☐ 4. Überstunden vor dem Jahr 2011
☐ 5. Gesamtzahl aller Überstunden in Deutschland
☐ 6. Werden Überstunden bezahlt?
☐ 7. Überstunden im Zeitraum 2011 bis 2020

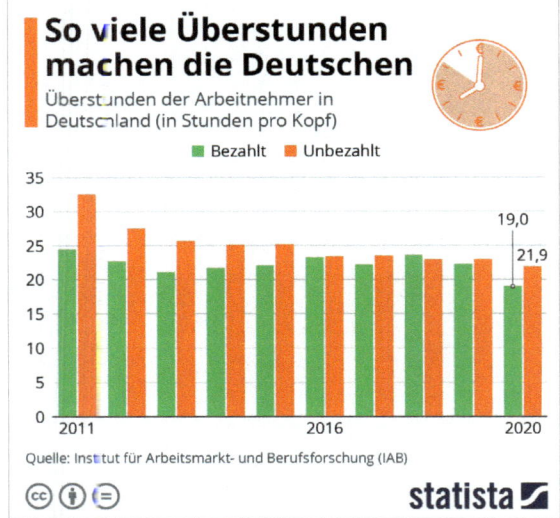

b Arbeiten Sie zu zweit. Ordnen Sie die Satzteile zu und beschreiben Sie dann die Grafik in 2a.

1. Die Grafik zeigt … _D_

2. Insgesamt machten … _____

3. Die Zahl der unbezahlten Überstunden … _____

4. Die Zahl der bezahlten Überstunden … _____

5. Der Unterschied zwischen bezahlten und unbezahlten Überstunden war … _____

A die Deutschen 2020 weniger Überstunden als 2011.
B ist bis 2020 deutlich gesunken.
C 2020 geringer als 2011.

D die Entwicklung der Überstunden in Deutschland von 2011 bis 2020.
E schwankte, ist aber insgesamt gesunken.

1 Adjektivdeklination

Typ I: mit bestimmtem Artikel

	der Kontakt	das Projekt	die Kollegin	die Kontakte (Pl.)
N	der neu**e**	das neu**e**	die neu**e**	die neu**en**
A	den neu**en**	das neu**e**	die neu**e**	die neu**en**
D	dem neu**en**	dem neu**en**	der neu**en**	den neu**en**
G	des neu**en**	des neu**en**	der neu**en**	der neu**en**

auch nach Fragewörtern: *welche*; Demonstrativartikeln: *diese, jene*; Indefinitartikeln: *jede, alle* (Pl.),
Negationsartikeln und Possessivartikeln im Plural: *keine* (Pl.), *meine* (Pl.)

Typ II: mit unbestimmtem Artikel

	der Kontakt	das Projekt	die Kollegin	die Kontakte (Pl.)
N	ein neu**er**	ein neu**es**	eine neu**e**	neu**e**
A	einen neu**en**	ein neu**es**	eine neu**e**	neu**e**
D	einem neu**en**	einem neu**en**	einer neu**en**	neu**en**
G	eines neu**en**	eines neu**en**	einer neu**en**	neu**er**

auch nach Negationsartikeln: *keine (Sg.)*; Possessivartikeln: *meine (Sg.)*

Komparative und Superlative, die vor Nomen stehen, müssen dekliniert werden.
Komparativ: Adjektiv + Endung *-er* + Kasusendung
Superlativ: Adjektiv + *-(e)st* + Kasusendung (nur mit bestimmtem Artikel, *am* entfällt)
besondere Formen: *gut – besser – beste; viel – mehr – meiste; hoch – höher – höchste; nah – näher – nächste*

2 reflexive Verben

Personal- pronomen	Reflexivpronomen im Akkusativ	im Dativ	Personal- pronomen	Reflexivpronomen im Akkusativ/Dativ
ich	mich	mir	wir	uns
du	dich	dir	ihr	euch
er/es/sie	sich		sie/Sie	sich

Manche Verben sind immer reflexiv.
Manche Verben können reflexiv sein oder mit einer
Akkusativergänzung stehen.
Reflexivpronomen stehen normalerweise im Akkusativ.
Gibt es eine Akkusativergänzung, steht das Reflexiv-
pronomen im Dativ.
Bei manchen Verben steht das Reflexivpronomen immer im
Dativ. Diese Verben brauchen immer eine Akkusativergän-
zung (Nomen, Pronomen, Infinitiv mit *zu* oder Nebensatz).

sich bewerben, sich freuen, sich beschweren …
(sich) verstehen, (sich) vorbereiten,
(sich) informieren …
sich anziehen, sich waschen …

sich etwas wünschen, sich etwas merken,
sich etwas vorstellen …

3 Konnektoren: Kausal-, Konzessiv- und Konsekutivsätze

Hauptsatz + Nebensatz: *Er ruft an, **weil** er Fragen zur Zeiterfassung <u>hat</u>.*
Hauptsatz + Hauptsatz: *Er fragt nach, **denn** er <u>findet</u> das Firmenwiki kompliziert.*
Hauptsatz+ Hauptsatz mit Inversion   *Er ist neu in der Firma, **deshalb** <u>hat</u> er viele Fragen.*
(Verb direkt hinter dem Konnektor):

	Grund (kausal)	Gegengrund (konzessiv)	Folge (konsekutiv)
Hauptsatz + Nebensatz	weil, da	obwohl	so …, dass, sodass
Hauptsatz + Hauptsatz	denn	✕	✕
Hauptsatz + Hauptsatz mit Inversion	✕	trotzdem	darum, daher, deswegen, deshalb

Sprechtraining

1   **Lesen Sie die Mail. Wer schreibt hier an wen und warum?**

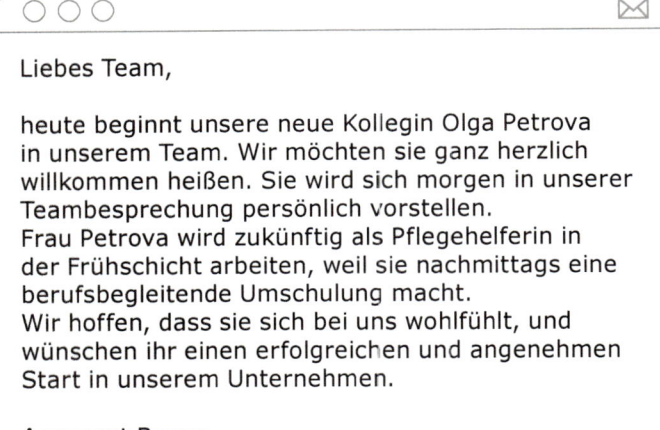

Liebes Team,

heute beginnt unsere neue Kollegin Olga Petrova
in unserem Team. Wir möchten sie ganz herzlich
willkommen heißen. Sie wird sich morgen in unserer
Teambesprechung persönlich vorstellen.
Frau Petrova wird zukünftig als Pflegehelferin in
der Frühschicht arbeiten, weil sie nachmittags eine
berufsbegleitende Umschulung macht.
Wir hoffen, dass sie sich bei uns wohlfühlt, und
wünschen ihr einen erfolgreichen und angenehmen
Start in unserem Unternehmen.

Annegret Bayer
Pflegedienstleitung

1.10

2 a   **In der Teambesprechung. Hören Sie, wie Olga sich dem Team vorstellt. Notieren Sie zu jedem
Schritt die Informationen und vergleichen Sie im Kurs.**

Sich Vorstellen in drei Schritten:	Olga stellt sich vor:
1. Ich bin: Stellen Sie sich kurz vor.	_Olga Petrova, ..._
2. Ich kann: Sprechen Sie über Ihre Ausbildung und Kompetenzen.	
3. Ich möchte: Sprechen Sie über Ihre zukünftige Zusammenarbeit.	

b   **Ordnen Sie die Ausdrücke den drei Schritten in 3a zu und ergänzen Sie weitere.**

> _1_ Mein Name ist ...   ____ Von Beruf bin ich ...   ____ Ich habe eine Ausbildung als ... gemacht.
>
> ____ Ich freue mich auf die Zusammenarbeit mit Ihnen.   ____ Ich habe mich auf ... spezialisiert.
>
>   ____ Ich freue mich, bei Ihnen erste Erfahrungen im Bereich ... sammeln zu können.
>
> ____ Ich heiße ...   ____ Ich habe viele Erfahrungen in ... gesammelt.   ____ Ich komme aus ...
>
> ____ Ich hoffe auf eine gute Zusammenarbeit.   ____ Ich habe bisher als ... gearbeitet.

c Arbeiten Sie zu zweit. Wählen Sie Ausdrücke aus 2b für Ihre eigene Vorstellung und vervollständigen Sie die Sätze. Vergleichen Sie gegenseitig.

d Arbeiten Sie zu viert. Stellen Sie sich Ihrer Gruppe vor. Die anderen hören zu und geben Ihnen ein Feedback: Welche Informationen waren nützlich, welche nicht?

3 a Hören Sie das Gespräch. Mit wem spricht Olga? Worum geht es?

1.11

b Hören Sie das Gespräch noch einmal. Welche Aussagen haben Sie im Gespräch gehört? Markieren Sie.

☐ 1. Schön, dich kennenzulernen.
☐ 2. Welche Aufgaben hast du in der Firma?
☐ 3. Ich bin schon ganz gespannt und ein bisschen nervös.
☐ 4. Ich habe noch nicht so viel Erfahrung.
☐ 5. Das ist doch nicht schlimm. Ich zeige dir alles.
☐ 6. Darf ich dich etwas fragen?

☐ 7. Frag nur, wenn du etwas wissen willst.
☐ 8. Was hast du denn vorher gemacht?
☐ 9. Wie lange arbeitest du schon hier?
☐ 10. Arbeitest du schon lange hier?
☐ 11. Komm, ich zeig dir mal …
☐ 12. Welche Ausbildung hast du gemacht?

c Welche Fragen stellt man in Ihrem Herkunftsland in dieser Situation? Gibt es Unterschiede? Was ist gleich? Sprechen Sie im Kurs.

4 Arbeiten Sie zu zweit. Wählen Sie eine Situation. Spielen Sie ein Gespräch wie in 3a. Tauschen Sie dann die Rollen.

A

B

Checkliste: sich vorstellen

vor dem Team	**im Gespräch**
☐ Textsorte: kurze monologische Vorstellung der eigenen Person	☐ Textsorte: eher informeller Dialog
☐ Register: je nach Team, eher förmlich	☐ Register: je nach Gesprächspartner/in, eher persönlich
☐ Inhalt: wichtige Punkte zur eigenen Person: z. B. *Ich bin … / Ich kann … / Ich habe bisher …*	☐ Inhalt: Fragen zur Arbeit, auch persönliche Fragen, z. B. *Wie lange arbeitest du schon hier? / Welche Aufgaben hast du genau? / Darf ich dich etwas fragen?*
☐ Sprechweise: laut und deutlich, freundlich, selbstbewusst	☐ Sprechweise: freundlich, kollegial, deutlich, langsam mit Pausen, Verständnis sichernd

Das ist erledigt

Maschinenbaubranche

Elektronikbranche

Logistikbranche

Textilbranche

Sie lernen

Auftakt | über Branchen sprechen
Modul 1 | Abläufe verstehen und erklären
Modul 2 | Anweisungen und Aufträge verstehen und darauf reagieren
Modul 3 | Regelungen zu Krankmeldungen verstehen
KiB | sich bei einer Versicherung informieren

Grammatik

Modul 1 | Finalsätze
Modul 2 | temporale Präpositionen
Modul 3 | Pluralbildung der Nomen

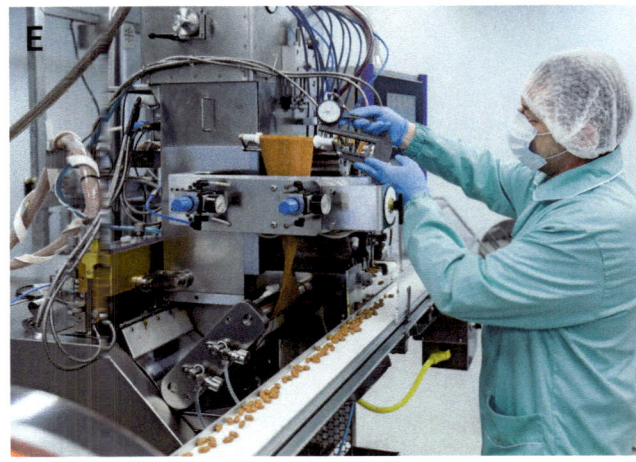

chemisch-pharmazeutische Branche

Automobilbranche

Lebensmittelbranche

1a Sehen Sie die Fotos an. Kennen Sie deutsche Firmen oder Produkte in diesen für Deutschland wichtigen Branchen? Sammeln Sie im Kurs.

1.12

b Hören Sie Kurznachrichten aus der Wirtschaft. Über welche Branchen wird berichtet?

c Hören Sie noch einmal. Zu welcher Branche passen die Aussagen?

1. … erhöht die Preise.
2. … sucht Arbeitskräfte.
3. … hat Erfolg in einem bestimmten Bereich.

4. … ist bei jüngeren Arbeitnehmenden unbeliebt.
5. … hat den Umsatz im Onlinehandel ausgebaut.

d Welche Branchen sind in Ihrem Herkunftsland wichtig? Nennen Sie Beispiele von bekannten Firmen. Sprechen Sie in Gruppen und berichten Sie dann im Kurs.

2a Zu welchen Branchen in 1a passen die Wörter und warum? Sprechen Sie in Gruppen. Es gibt viele Möglichkeiten.

die Hygienevorschrift	die Fertigung / die Herstellung	die Kleidung	der Transport	das Fließband
montieren die Maschine / die Anlage	prüfen	die Landwirtschaft	programmieren	die Lagerung
das Design die Qualitätssicherung	der Versand	die Rezeptur	die Verarbeitung	die Textilie
die Technik die Verpackung	der Roboter das Medikament	sortieren	das Labor	die Digitalisierung

b Sammeln Sie in der Gruppe weitere Wörter zu den Branchen.

c Fachkräftemangel. In welchen Branchen und Berufsfeldern werden in Deutschland aktuell Arbeitskräfte gesucht? Recherchieren Sie und präsentieren Sie Ihre Ergebnisse im Kurs.

Wir machen das so, damit …

1a In welchen Berufen ist Handhygiene besonders wichtig? Warum? Sammeln Sie im Kurs.

b Sehen Sie die Bilder an und beschreiben Sie zu zweit den Ablauf.

Richtig Hände waschen!

1. Hände mit warmem Wasser spülen

2. Seife nehmen und Handflächen waschen

3. zwischen den Fingern waschen

4. Daumen reinigen

5. Handrücken mit Seife waschen

6. Handgelenke reinigen

7. Seife mit warmem Wasser abspülen

8. Hände mit sauberem Handtuch abtrocknen

> Zuerst spült man die Hände mit warmem Wasser.

> Dann nimmt man …

ABLÄUFE BESCHREIBEN

Zuerst …, dann …, danach …

Anschließend …

Dann folgt der zweite/…/letzte Schritt: …

Abschließend / Zum Schluss …

2a Praktikum in einer Großbäckerei. Hören Sie das Gespräch. In welcher Reihenfolge wird über die Themen gesprochen?

(1.13)

____ A Arbeitskleidung

____ B Arbeitsschritte zur Herstellung der Backwaren

____ C Auslieferung an die Filialen

____ D Handhygiene

◄ Ü1   _*1*_ E Arbeitsbeginn und Arbeitszeit

◄ Ü1

SPRACHE IM BERUF

Verständnis signalisieren

Okay.   Geht klar!

Mach ich.   Verstanden.

b Hören Sie noch einmal und notieren Sie zu jedem Thema in 2a wichtige Informationen.

1E Arbeitsbeginn und Arbeitszeit:
Nachtarbeit, 0:00–9:00 Uhr

STRATEGIE

Stichworte notieren
Wenn Sie beim Hören oder Lesen Stichworte notieren, tun Sie dies möglichst in thematischen Gruppen. Legen Sie die Themen vorher fest oder ordnen Sie die Stichworte nach dem Notieren.

c Wie ist der tägliche Arbeitsablauf in der Großbäckerei? Was passiert zuerst, dann …? Vergleichen und ergänzen Sie Ihre Notizen aus 2b zu zweit. Sprechen Sie dann im Kurs.

> Die Arbeit beginnt um 00:00 Uhr. Zuerst ziehen die Mitarbeitenden …

> Dann …

▶ Ü2

3 a Wozu ist das wichtig? Ordnen Sie zu.

1. Alle müssen die Hygienevorschriften einhalten, _____

2. Die Mitarbeitenden benötigen spezielle

   Arbeitskleidung, _____

3. Alle halten die Rezepte genau ein, _____

4. Die Mitarbeitenden machen viele Arbeiten parallel, _____

A damit die Backwaren immer gleich aussehen und schmecken.
B um pünktlich vor Ladenöffnung fertig zu werden.
C damit die Lebensmittel nicht verunreinigt werden.
D um sich vor Gefahren zu schützen.

b Suchen Sie die Subjekte in den Sätzen in 3a und ergänzen Sie die Regel mit *damit* und *um ... zu*.

> **Finalsätze mit *damit* und *um ... zu***
>
> Finalsätze drücken ein Ziel oder eine Absicht aus.
>
> Subjekt im Hauptsatz = Subjekt im Nebensatz: _____ oder _____
>
> Subjekt im Hauptsatz ≠ Subjekt im Nebensatz: _____
>
> *wollen*, *sollen* und *möchten* stehen nie in Finalsätzen:
> *Ich bereite Teig vor. Ich will Brot backen.* → *Ich bereite Teig vor,* **um** *Brot* **zu** *backen.*

▶ Ü3–5

1.14

4 a Hören Sie das Gespräch. Was erklärt Kati Alexandro? Ergänzen Sie die Finalsätze.

1. Der Chef hat das Bestell- und Liefersystem umgestellt, *um die Lagerzeit für die Zutaten zu verkürzen.*

2. Die Mitarbeitenden prüfen die Lebensmittel genau, _____

3. Milch, Eier oder Butter lagern sie kühl, _____

4. Alle wenden im Lager das FIFO-Prinzip an, _____

5. Alex soll die älteren Zutaten nach vorne stellen, _____

◀ Ü6

b Arbeiten Sie zu zweit. Jede/r notiert vier Fragen mit *Wozu?*. A beginnt, liest eine Frage vor und wirft dann eine Münze: Zahl = *damit*, Kopf = *um ... zu*. B antwortet und stellt die nächste Frage.

TIPP

Auf eine Frage mit *Warum?* kann man auch mit einem Finalsatz antworten: *Warum arbeitest du? – Um Geld zu verdienen.*

Wozu müssen Bäcker nachts arbeiten?

Damit wir zum Frühstück frische Brötchen essen können.

5 Arbeiten Sie in Gruppen. Wählen Sie einen Arbeitsplatz oder notieren Sie Abläufe aus Ihrem (Wunsch-)Beruf. Beschreiben Sie den Ablauf und erklären Sie bei mindestens einem Punkt, wozu diese Tätigkeit ausgeführt wird.

A Supermarkt
- Waren bestellen
- Lieferungen prüfen und annehmen
- Waren im Lager ordnen
- Regale prüfen und Waren einsortieren
- kassieren

B Autowerkstatt
- Fahrzeug entgegennehmen
- Fahrzeug auf Mängel prüfen
- Reparaturen durchführen
- Fahrzeug wieder übergeben
- Rechnung stellen

C Paketzentrum
- Pakete annehmen und ausladen
- Pakete nach Adresse sortieren
- Pakete verladen
- Pakete liefern
- Empfang quittieren lassen

◀ Ü7
▶ Ü8

Könnten Sie bitte ...?

1a **Lesen Sie die Nachrichten. Worum geht es? Sprechen Sie im Kurs.**

Mikosch: Hi Sonja, habe gestern eine spontane Einladung zu einer Party 🎉 bekommen, aber am Wochenende Nachtschicht. 😔 Kannst du vielleicht tauschen?

Übernehme gern deine Nachtschichten in der nächsten Woche. Gib mir doch bis zwölf Bescheid. Danke dir!!!

A

Betreff: Workshop Arbeitssicherheit

Sehr geehrte KollegInnen,
wir dürfen Sie darüber informieren, dass die Workshops zur Arbeitssicherheit nun in der Woche vom 14. bis 18. April täglich ab 14:00 Uhr stattfinden. Mitarbeitende der Produktion können jeweils außerhalb ihrer Schichten teilnehmen. Der Workshop ist verpflichtend und zählt als Arbeitszeit. Bitte registrieren Sie sich zwischen dem 1. und dem 3. April online für einen Termin. Das Formular steht in unserem Wiki bereit.
Beste Grüße
FL
i.A. Personalabteilung

B

Nicht vergessen!!!!!!!!!
vor dem Wochenende Fr. H. schreiben
Rückmeldung Lieferanten-Problem

C

Franziska: Sorry, komme heute später, erst gegen zehn. Es fällt schon die 3. S-Bahn innerhalb einer Stunde aus.

Kannst du den anderen Bescheid geben? Der Termin um zehn klappt hoffentlich.

DANKE!

D

- während des letzten Kalenderjahres zu viele Üstd. in der Abteilung
- Anfrage Personalabteilung, Gabi Glanz, Bitte um genaue Liste der Üstd. aller MA für die erste Jahreshälfte (Frist: zum Quartalsende)
- Liste Grundlage für Entscheidung, ob mehr MA eingestellt werden

- Beschluss beim Meeting: nächster Termin an einem Vormittag um den 10. September herum
- Terminanfrage folgt nach dem Urlaub von FH

E

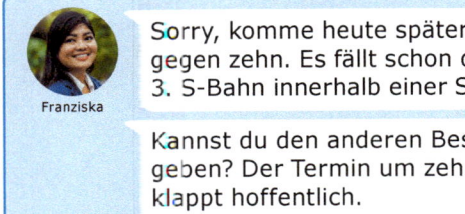

Jahresurlaub beantragen!!!!!
Seit sechs Tagen fällig!

F

In Nachricht A geht es um den Tausch von Nachtschichten.

b **Markieren Sie in 1a Ausdrücke mit temporalen Präpositionen und ordnen Sie sie in die Tabelle. Schreiben Sie dann für jede Kategorie drei Beispielsätze.**

Ⓖ

temporale Präpositionen		
mit Akkusativ	**mit Dativ**	**mit Genitiv**
über eine Woche **bis** zwölf **gegen** zehn **um** zehn	**von** jetzt **an** **ab** 14 Uhr	

▶ Ü1   *Der Workshop beginnt erst um 10 Uhr.*

c Arbeiten Sie zu zweit. Bis wann muss/musste das erledigt werden? Formulieren Sie abwechselnd Sätze mit temporalen Präpositionen und reagieren Sie.

> eine Entscheidung zum Angebot treffen · den Jahresurlaub beantragen · das Teammeeting planen · das Lager aufräumen · den Schichtplan erstellen · die Reklamation bearbeiten · die Post erledigen · mit dem Kunden / der Kundin sprechen · das Protokoll schreiben · Überstunden abbauen

Wir müssen bis nächste Woche eine Entscheidung zum Angebot treffen.

Ja, das machen wir am besten am …

Du solltest den Jahresurlaub schon vor …

▶ Ü2

2 a Arbeiten Sie zu dritt. Jede/r liest eine Nachricht. Auf welchen Text in 1a reagiert sie? Fassen Sie die Nachricht dann kurz für die Gruppe zusammen.

1

Hi, sorry, aber ich habe am Wochenende selbst schon Pläne: Familienfeier bei Oma. Kann deine Schicht leider nicht übernehmen.

Frag Isabel, die hat nächste Woche gemeinsam mit mir Nachtschicht. Vielleicht hat sie Zeit.

Drücke die Daumen! 🤞

2

Liebe Frau Leutermann,
in Ihrem Schreiben vom 15. 2. haben Sie über die Termine und Anmeldefristen für die Pflichtveranstaltung für Mitarbeitende der Produktion informiert.
Ich habe dazu eine Nachfrage: In der Woche vom 14. bis 18. 4. habe ich Urlaub beantragt. Dieser wurde bereits genehmigt. Könnten Sie mir mitteilen, ob ich den Workshop zu einem späteren Zeitpunkt besuchen kann?
Vielen Dank im Voraus.
Herzliche Grüße

3

Sehr geehrte Frau Hennig,
danke für Ihre Nachricht. Ich kann bestätigen, dass es in letzter Zeit immer wieder Probleme bei den Bestellungen und Lieferungen gibt. Ich bin deshalb auch der Meinung, dass wir den Lieferanten wechseln sollten. Ich kann mich aber leider in dieser Woche nicht mehr darum kümmern. Bis Ende nächster Woche könnte ich Alternativen recherchieren und verschiedene Angebote einholen. Wäre das für Sie in Ordnung? Danke für Ihre Rückmeldung.
Mit freundlichen Grüßen

▶ Ü3–4

b Lesen und vergleichen Sie die Texte in 2a. Was ist typisch für formelle und informelle Nachrichten (Anrede, Grußformeln, Stil)? Sammeln Sie im Kurs.

3 a Wählen Sie eine Situation. Welcher Text in 1a passt? Machen Sie zuerst Notizen, schreiben Sie dann die Nachricht. Achten Sie auf einen angemessenen Stil sowie Anrede und Grußformel.

1 formell: Mail an Personalabteilung, Herr Hildebrandt, Entschuldigung für späte Abgabe des Urlaubsantrags, Grund: Krankheit, Urlaubsantrag im Anhang beigefügt

2 formell: Mail an Frau Glanz, Bitte um Aufstellung der Überstunden für alle Mitarbeitenden der Abteilung, Grund: Entscheidung, ob mehr Personal eingestellt wird

3 informell: Nachricht an Franziska, Weitergabe der Information bestätigen, Frage nach Verschiebung des Termins auf 11:00 Uhr, Grund: Nachfragen der Kollegen/Kolleginnen

◀ Ü5

b Wer hat in 3a dieselbe Situation gewählt wie Sie? Tauschen Sie Ihre Texte. Passen Anrede, Grußformel und Stil? Geben Sie sich Tipps.

Im Krankheitsfall

1a Wie sind die Regelungen im Krankheitsfall für Arbeitnehmende in Ihrem Herkunftsland? Berichten Sie in Gruppen.

1. Wann muss man eine Bescheinigung der Ärztin / des Arztes vorlegen?
2. Muss man auch zur Ärztin / zum Arzt gehen, wenn man nur ein bis zwei Tage krank ist?
3. Wie meldet man sich beim Arbeitgeber krank?

b Lesen Sie den Artikel zu den Regelungen im Krankheitsfall. Welcher Abschnitt beantwortet welche Frage in 1a?

Was tun im Krankheitsfall?

A Egal, um welche Beschwerden es geht, Arbeitnehmende müssen ihre Arbeitgeber auf jeden Fall sofort informieren, sobald sie bemerken, dass sie nicht arbeiten können. Nur so können Chefinnen/Chefs planen und
5 Vertretungen oder Ansprechpartnerinnen/Ansprechpartner festlegen. Wie Krankmeldungen erfolgen müssen (Mails, Text-Nachrichten oder Anrufe), ist gesetzlich nicht geregelt.

Aber wenn man ohne Krankmeldung nicht zur Arbeit
10 kommt, hat das Folgen und kann sogar bis zur Kündigung führen. Ist man selbst, beispielsweise nach einem Unfall oder weil man im Krankenhaus ist, nicht in der Lage, sich beim Arbeitgeber krankzumelden, sollten dies unbedingt Angehörige oder Freunde tun.

15 B Ist der Arbeitgeber informiert, geht man zur Ärztin oder dem Arzt. Wenn man krankgeschrieben wird, bekommt man eine Arbeitsunfähigkeitsbescheinigung, auch Krankenschein genannt. Laut Gesetz müssen Krankenscheine den Arbeitgebern spätestens am vierten Krankheitstag vorliegen. Allerdings fordern manche Arbeitsverträge den Krankenschein bereits am ersten Tag.
Die Arbeitsunfähigkeitsbescheinigungen haben drei Ausfertigungen. Eine behält die Ärztin / der Arzt für die
20 Unterlagen, eine bekommt die Krankenkasse. Auf beiden ist die Diagnose vermerkt. Der Arbeitgeber erhält eine andere Version, auf der keine Diagnose steht. Auch wenn Vorgesetzte Gründe erfahren wollen, ist man gesetzlich nicht verpflichtet, Details zur Krankheit mittzuteilen. Auch Krankenkassen und Ärztinnen/Ärzte dürfen Arbeitgebern keine Auskunft geben.

C Erkrankungen wie Migräne oder eine Erkältung sind oft bereits nach ein bis zwei Tagen vorbei, wenn man
25 sich ausruht. Viele Arbeitgeber wollen Mitarbeitenden unnötige Arztbesuche ersparen und fordern in solchen Fällen keinen Krankenschein. Manchmal stellt sich aber nach drei Tagen heraus, dass die Genesung doch länger dauert und eine Krankschreibung nötig wird. Diese kann die Ärztin oder der Arzt dann auch rückwirkend für bis zu drei Tage ausstellen.
Wenn man nach Ende der Krankschreibung noch nicht gesund ist, muss man am letzten Krankheitstag noch
30 mal zur Ärztin / zum Arzt gehen und um eine Folgebescheinigung bitten. Wenn man früher wieder gesund ist, als in der Krankschreibung steht, kann man auch früher wieder an den Arbeitsplatz zurückkehren – vorausgesetzt man fühlt sich wirklich fit.

Weitere Artikel zum Thema:
Was müssen Sie tun, wenn die Kinder krank sind?
35 Was passiert, wenn man im Urlaub krank wird?

▶ Ü1

c Arbeiten Sie zu dritt. Jede/r liest einen Abschnitt des Artikels noch einmal, markiert wichtige Informationen und macht Notizen. Informieren Sie dann die Gruppe.

▶ Ü2–3

2 a Bilden Sie den Plural der Nomen oder suchen Sie die Formen im Artikel in 1b. Ordnen Sie die Formen in die Tabelle.

~~der Chef~~ der Ansprechpartner der Arbeitsvertrag der Grund die Bescheinigung das Kind die Mail das Detail die Ärztin die Mitarbeitende	

TIPP Nomen, die mit *-in* oder *-nis* enden, verdoppeln den Konsonanten: *die Kundin – die Kundinnen, das Ereignis – die Ereignisse*

G

Pluralbildung der Nomen

	Welche Nomen?	Plural-endung	Beispiele
1.	– maskuline Nomen auf *-en/-er/-el* – neutrale Nomen auf *-chen/-lein*	(¨)-	_____
2.	– fast alle femininen Nomen (ca. 96 %) – maskuline Nomen auf *-or* – alle Nomen der n-Deklination	-(e)n	_____ _____ _____
3.	– die meisten maskulinen und neutralen Nomen (ca. 70 %)	-(¨)e	_____ _____
4.	– einsilbige neutrale Nomen – Nomen auf *-tum*	-(¨)er	_____
5.	– viele Fremdwörter – Abkürzungen – Nomen mit *-a/-i/-o/-u* am Wortende	-s	*der Chef – die Chefs* _____ _____

b Im Krankenstand. Bilden Sie den Plural. Welche Regel aus 2a passt?

der Notfall – das Krankenhaus – das Attest – der Doktor – der Anruf – das Taxi – die Krankmeldung – der Arzt – der Zettel – der Tipp – die Kranke – die Kollegin – der Irrtum – der Krankenwagen – der Fragebogen – die Krankenkasse – das Rezept – der Pfleger

▶ Ü4–5

3 a Arbeiten Sie zu zweit. Jede/r wählt eine Frage, recherchiert und notiert Informationen.

A Können Arbeitnehmende in Deutschland freigestellt werden, wenn sie ein krankes Kind betreuen müssen?

B Was gilt für Arbeitnehmende in Deutschland, wenn sie im Urlaub krank werden?

b Präsentieren Sie sich gegenseitig die Informationen und fragen Sie nach.

REGELUNGEN WIEDERGEBEN	NACHFRAGEN
Man muss/kann/sollte dem Arbeitgeber …	Habe ich das richtig verstanden: …?
Man hat Anspruch auf …	Kannst du bitte noch einmal erklären, …?
Für Arbeitnehmende gilt in dem Fall, dass …	Mir ist noch nicht klar, …
Wenn man nicht …, …	

Kommunikation im Beruf

1.15

1a Herr Weber hatte einen Unfall und ist im Kranken-
haus. Hören Sie das Gespräch. Wo ruft Herr
Weber an und warum? Was ist genau passiert?
Sprechen Sie zu zweit.

b Lesen Sie die Aussagen der Versicherungsvertreterin. Ordnen Sie Herrn Webers Aussagen zu.

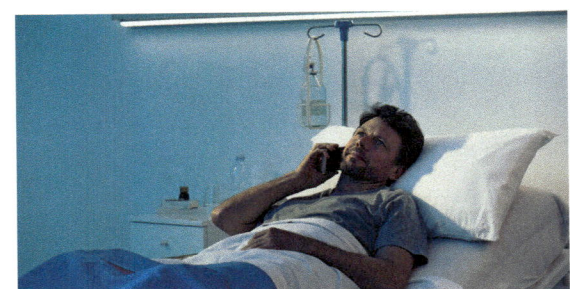

Versicherungsvertreterin   **Patient**

| Nurgut – Krankenversicherung, guten Tag. Mein Name ist Alicia Mahler, was kann ich für Sie tun? | Guten Tag, mein Name ist José Weber. ____ |

| Oh, das tut mir leid, Herr Weber. Haben Sie Ihre Versicherungsnummer da? Sie steht auf Ihrer Krankenversicherungskarte. | ____ |

| Okay, vielen Dank. Waren Sie denn auf dem Weg von oder zur Arbeit? Oder waren Sie privat unterwegs? | Ich war ____ |

| Wir werden Ihnen ein Formular für den Unfallbericht zuschicken. Das müssen Sie dann bitte ausfüllen. | Okay. ____ |

| Ja, natürlich. Da bekommen Sie ein Rezept vom Arzt oder der Ärztin. Sie müssen dann nur maximal 10 Euro zusätzlich bezahlen. | ____ |

| Da schicken Sie uns am besten alle Belege. Das gilt auch für Dienst-leistungen, wenn z. B. jemand für Sie einkaufen geht. Wir prüfen das und erstatten Ihnen – wenn möglich – die Kosten. | ____ |

| Gerne, gute Besserung! Und wenn Sie noch Fragen haben, rufen Sie gerne wieder an. Auf Wiederhören. | ____ |

A Ah, das ist gut. Und wie ist das mit dem Transport nach Hause? Wer zahlt das?
B Auf Wiederhören.
C geschäftlich unterwegs. Ich weiß jetzt nicht genau, welche Kosten die Kasse bezahlt. Und muss ich
   etwas an Sie schicken?
D Also, ich hatte einen Unfall mit dem Fahrrad und bin im Krankenhaus. Was muss ich denn jetzt tun?
   Brauchen Sie etwas von mir?
E Ja, meine Versicherungsnummer ist die R387625634.
F Da bin ich froh, vielen Dank.
G Mein Fuß ist leider kompliziert gebrochen. Ich brauche bestimmt eine Gehhilfe, wenn ich zu Hause bin.
   Bezahlt das die Krankenkasse?

2 Spielen Sie zu zweit. Würfeln Sie und sprechen Sie.

⚀ Sie rufen bei der Versicherung an, nennen Ihren Namen und Ihre Versicherungsnummer.
⚁ Sagen Sie, was Ihnen passiert ist (Unfall / gestürzt / Krankheit / …).
⚂ Sagen Sie, ob Sie privat oder beruflich unterwegs waren.
⚃ Fragen Sie, was die Versicherung bis wann in welcher Form von Ihnen braucht.
⚄ Fragen Sie nach den Kosten für den Krankentransport / eine Gehhilfe / …
⚅ Fragen Sie, welche Kosten Sie bezahlen müssen.

1 Finalsätze

Finale Nebensätze drücken ein Ziel oder eine Absicht aus. Sie geben Antworten auf die Frage *Wozu?* oder in der gesprochenen Sprache auch oft auf die Frage *Warum?*.

gleiches Subjekt in Haupt- und Nebensatz → Nebensatz mit *um ... zu* oder *damit*	
Die Mitarbeitenden benötigen Arbeitskleidung, ***damit** sie sich vor Gefahren schützen.*	Im Nebensatz mit *damit* muss das Subjekt genannt werden.
Die Mitarbeitenden benötigen Arbeitskleidung, ***um** sich vor Gefahren **zu** schützen.*	Im Nebensatz mit *um ... zu* entfällt das Subjekt, das Verb steht im Infinitiv.
unterschiedliche Subjekte in Haupt- und Nebensatz → Nebensatz immer mit *damit*	
Alle müssen die Hygienevorschriften einhalten, ***damit** die Lebensmittel nicht verunreinigt werden.*	

wollen, sollen und *möchten* stehen nie in Finalsätzen:
Ich bereite Teig vor. Ich will Brot backen. → *Ich bereite Teig vor, **um** Brot **zu** backen.*

2 temporale Präpositionen

mit Akkusativ	mit Dativ	mit Genitiv
bis nächste Woche **für** die erste Jahreshälfte **gegen** zehn Uhr **über** eine Woche **um** zehn Uhr **um** den 10. September **herum**	**ab** dem 14. März **am** Wochenende **beim** Meeting **in** der nächsten Woche **nach** dem Urlaub **seit** sechs Tagen **von** jetzt **an** **vom** 14. **bis** 18. April **vor** dem Wochenende **zum** Quartalsende **zwischen** dem 1. und 3. April	**außerhalb** der Schichten **innerhalb** einer Stunde **während** der ganzen Woche

3 Pluralbildung der Nomen

	Welche Nomen?	Plural-endung	Beispiel
1.	– maskuline Nomen auf *-en/-er/-el* – neutrale Nomen auf *-chen/-lein*	(")-	*der Ansprechpartner – die Ansprechpartner* *der Fragebogen – die Fragebögen*
2.	– fast alle femininen Nomen (ca. 96 %) – maskuline Nomen auf *-or* – alle Nomen der n-Deklination	-(e)n	*die Ärztin – die Ärztinnen* *der Doktor – die Doktoren* *die Mitarbeitende – die Mitarbeitenden*
3.	– die meisten maskulinen und neutralen Nomen (ca. 70 %)	-(")e	*der Anruf – die Anrufe* *der Grund – die Gründe*
4.	– einsilbige neutrale Nomen – Nomen auf *-tum*	-(")er	*das Kind – die Kinder* *das Krankenhaus – die Krankenhäuser*
5.	– viele Fremdwörter – Abkürzungen – Nomen mit *-a/-i/-o/-u* am Wortende	-s	*der Chef – die Chefs* *die Mail – die Mails* *das Taxi – die Taxis*

Nomen, die mit *-in* oder *-nis* enden, verdoppeln den Konsonanten: *die Kund**in** – die Kund**innen**, das Ereig**nis** – die Ereig**nisse***

Immer für Sie da

A _____ der Lieferschein

B _____ die Quittung

C _____ der Kassenzettel / der Kassenbon

Sie lernen

Auftakt | Relevanz von Belegen einschätzen
Modul 1 | eine Anfrage entgegennehmen und Kunden/
Kundinnen informieren
Modul 2 | eine Bestellung aufgeben und Nachfragen stellen
Modul 3 | Beschwerden einordnen und darauf reagieren
KiB | ein technisches Problem beschreiben und
Hinweise geben

Grammatik

Modul 1 | lokale Präpositionen (mit Wechselpräpositionen)
Modul 2 | Konjunktiv II
Modul 3 | Konnektoren: Temporalsätze

D _____ die Rechnung

E _____ der Bestellschein (im Katalog)

F _____ der Bewirtungsbeleg

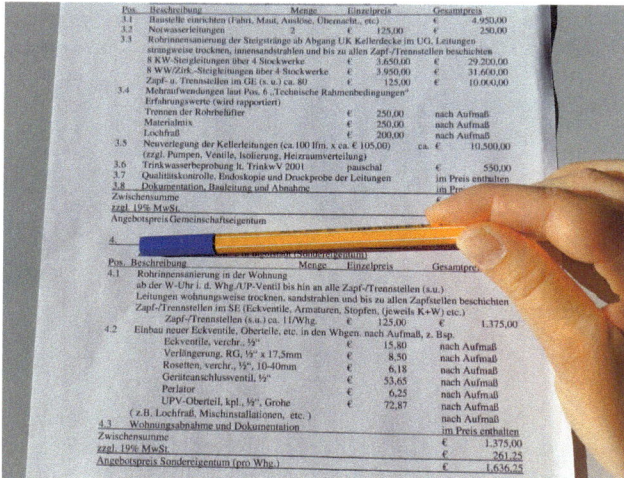

G _____ die Preisliste

H _____ das Ticket / die Fahrkarte

1a Sehen Sie die Fotos an. Wann braucht man diese Belege im Beruf?

1.16

b Hören Sie die Gespräche und ordnen Sie sie den Fotos zu.

c Zu welchen Fotos passen die Tipps? Ordnen Sie zu. Es gibt mehrere Möglichkeiten.

1. Wenn Sie für Ihre Arbeit etwas aus eigener Tasche bezahlen, müssen Sie immer die Originalbelege

abgeben, damit Sie das Geld zurückbekommen. _____

2. Ob beruflich oder privat: Kontrollieren Sie Auflistungen von Preisen, Waren und Dienstleistungen immer

ganz genau und heben Sie alle Dokumente auf. _____

3. Fahrtkosten bekommt man in bestimmten Fällen erstattet, z. B. vom Arbeitgeber oder der Agentur für

Arbeit. Diese Nachweise sollte man also aufheben. _____

2 Welche Belege hatten Sie in letzter Zeit „in der Hand"? Was machen Sie damit? Sprechen Sie in Gruppen.

> *Fahrkarten kaufe ich nur als Online-Tickets. Deshalb habe ich weniger Papiere in den Taschen.*

> *Ja, ich bekomme viele Belege auch nur noch digital, zum Beispiel …*

Der neue Kursraum

1 Arbeiten Sie in Gruppen. Schreiben Sie in zwei Minuten möglichst viele Einrichtungsgegenstände und Geräte in Ihrem Kursraum mit Artikel auf.

▶ Ü1 *die Tafel,*

🔊 1.17

2a Hören Sie den Anfang des Gesprächs. Warum ruft Frau Ziegler bei der Firma an?

☐ 1. Sie bestellt etwas.
☐ 2. Sie stellt eine Anfrage.

🔊 1.18

b Hören Sie den zweiten Teil des Gesprächs. Sind die Sätze richtig oder falsch? Kreuzen Sie an.

	richtig	falsch
1. Zurzeit stehen nur Stühle im Raum.	☐	☐
2. In den Raum kommen weiße Tische.	☐	☐
3. Die Teilnehmenden sitzen zu zweit an den Tischen.	☐	☐
4. Zwischen den Tischen muss genügend Abstand sein.	☐	☐
5. Die Teilnehmenden sollen um die Tische herum laufen können.	☐	☐
6. Die Garderobe kann man hinter die Tür stellen.	☐	☐
7. Neben die Tür soll das Whiteboard kommen.	☐	☐
8. An der Wand neben der Tür soll eine Pinnwand hängen.	☐	☐

🔊 1.19

c Hören Sie den dritten Teil des Gesprächs. Was müssen Herr Retsos und Frau Ziegler als Nächstes erledigen? Machen Sie Notizen und vergleichen Sie zu zweit.

Herr Retsos	Frau Ziegler
	– *Größe des Zimmers / Plan schicken*

▶ Ü2

3a Lokale Präpositionen. Ergänzen Sie die Artikelwörter im richtigen Kasus. Ergänzen Sie dann die Regel.

G

Wechselpräpositionen

Wo? ●

Es stehen noch alte Stühle **im** Raum.

Die Lernenden sitzen zu zweit **an** _____ Tische.

Neben dem Fenster soll eine Pinnwand hängen.

Wohin? ⟶ ●

In _____ Raum kommen weiße Tische.

Die Garderobe kann man **an die** Tür stellen.

Neben _____ Tür soll das Whiteboard kommen.

Einige lokale Präpositionen werden sowohl mit Dativ als auch mit Akkusativ verwendet. Man nennt sie Wechselpräpositionen.

Der Dativ folgt auf die Frage _____?, der Akkusativ auf die Frage _____?

◀ Ü3–4
▶ Ü5

b Ordnen Sie die Präpositionen in die Tabelle.

~~von~~	in	~~durch~~	von … aus	an	bei	vor	neben	zu	über	nach	zwischen
aus	unter	gegen	um	auf	bis	neben	ab	hinter	um … herum

lokale Präpositionen	Wo?	Wohin?	Woher?
mit Akkusativ		durch	╳
mit Dativ			von
mit Dativ oder Akkusativ (Wechselpräpositionen)			╳

▶ Ü6

c Arbeiten Sie in Gruppen. Machen Sie Fotos oder ein Video von Ihrem Kursraum oder Kursort und beschreiben Sie, was Sie ändern möchten. Was fehlt? Was soll weg? Was soll wohin? Präsentieren Sie die Ergebnisse.

Hier ist der Eingang der Schule. Die Leute essen oft neben dem Eingang, aber es gibt keinen Mülleimer. Man könnte einen Mülleimer an die Treppe stellen.

4a Herr Retsos hat die Informationen von Frau Ziegler bekommen und schickt sein Angebot mit weiteren Informationen. Ordnen Sie die Überschriften den Formulierungen zu.

eine Nachricht beenden	Informationen geben	eine Nachricht einleiten

KUNDEN/KUNDINNEN WEITERE INFORMATIONEN GEBEN

A _____

Vielen Dank noch einmal für Ihre Anfrage.

Anbei finden Sie nun das Angebot für …

Vorab noch einige Informationen: …

B _____

Bei weiteren Fragen stehe ich / stehen wir Ihnen selbstverständlich jederzeit zur Verfügung.

C _____

Wir können Ihnen … anbieten.

Es ist (leider nicht) möglich, …

Sie können noch zwischen … und … wählen.

Alternativ bieten wir Ihnen …

… ist kein Problem.

Als Liefertermin schlagen wir … vor.

▶ Ü7

b Schreiben Sie für Herrn Retsos das Begleitschreiben zum Angebot an Frau Ziegler. Nutzen Sie die Notizen.

– *rote Stühle derzeit nicht lieferbar; orange, grün, blau möglich*
– *magnetische Pinnwand Design „Petrol" oder „Mandarine"*
– *Whiteboard Modell „Light 5000" im Lager*
– *Lieferung 15. 6., inkl. Installation Whiteboard und Aufbau Möbel*

Alles fürs Büro

1 a Welche Schreibwaren brauchen Sie an Ihrem Arbeitsplatz oder für Ihren Sprachkurs? Sprechen Sie zu zweit.

▶ Ü1

b Überfliegen Sie den Katalog. Welche Waren aus 1a finden Sie? Welche Informationen bekommen Sie noch?

> TEXTER Kugelschreiber
Einwegkugelschreiber, transparent, blaue Kappe mit Clip.

Best.-Nr.	Farbe	Packung mit	€/Pck.
2266	schwarz	50 St.	8,79
2267	blau	50 St.	8,79
2268	rot	50 St	8,79

> COLLECTOR Büroklammern
Die Büroklammer, die alle Papiere zusammenhält. Galvanisch behandelt und rostfrei.

Best.-Nr.	Größe	Packung mit	€/Pck.
1235	26 mm	100 St.	1,19
1236	26 mm	500 St.	4,99

> PUSH Locher professionell
Metalllocher für den täglichen Gebrauch, bis zu 30 Seiten Stanzleistung.

Best.-Nr.	Farbe	€/St.
663321	blau	6,19
663322	grau	6,19

> STICKY Klebeband
Durchsichtiges Klebeband, beste Haftung, geruchsneutral. Länge: 30 Meter.

Best.-Nr.	Breite	€/St.
40442	10 mm	1,29
40443	20 mm	2,29

2 a Lesen Sie die Nachricht: Was soll Adina bestellen? Markieren Sie im Katalog in 1b.

> Hi Adina! Könntest du bitte Schreibwaren für uns bestellen? Ich brauche dringend Klebeband, das schmale, 10 Rollen bitte. Frau Bayram braucht auch einiges und meldet sich bei dir. Die Bestellung kannst du dann direkt an Büro-Hero mailen. Danke! Ronny

1.20

b Hören Sie die Nachricht von Frau Bayram und markieren Sie im Katalog in 1b, was Adina noch bestellen soll. Notieren Sie auch die Anzahl.

c Tragen Sie Adinas komplette Bestellung in das Formular ein.

Hiermit bestellen wir folgende Artikel bei Ihnen:					
Artikelbezeichnung	**Bestell-Nr.**	**Größe/Farbe**	**Menge**	**Einzelpreis**	**Gesamtpreis**
Sticky Klebeband		10 mm		1,29	12,90

▶ Ü2

42

3 a Lesen Sie die Sätze im Konjunktiv II. Kreuzen Sie an, was die Sätze ausdrücken.

	höfliche Bitte	Wunsch	Vermutung	Vorschlag
1. Würdest du etwas für uns mitbestellen?	☐	☐	☐	☐
2. Das Paket dürfte nächste Woche leer sein.	☐	☐	☐	☐
3. Ich hätte gerne einen neuen Locher.	☐	☐	☐	☐
4. Du könntest den Hausmeister fragen.	☐	☐	☐	☐

b Ergänzen Sie die Regel zum Konjunktiv II mit *haben*, *würde* und *sollen*.

G

> **Konjunktiv II Gegenwart**
>
> _____ + Infinitiv: *ich würde bestellen*
>
> Bei _____, *sein*, Modalverben und *brauchen/wissen*: Präteritum + Umlaut (*a, o, u → ä, ö, ü*):
>
> *hätte, wäre, müsste, könnte, dürfte, bräuchte, wüsste*
>
> Ausnahme: *wollen* und _____ ohne Umlaut: *er sollte helfen*

▶ Ü3

c Ergänzen Sie die Sätze mit dem Konjunktiv II. Manchmal gibt es mehrere Möglichkeiten.

EINE TELEFONISCHE BESTELLUNG AUFGEBEN

Kunde/Kundin	Lieferant/in
Ich *würde* gern eine Bestellung aufgeben.	*Könnten* Sie mir Ihre Kundennummer geben?
_____ Sie mir sagen, ob die Preise stimmen?	Es _____ sein, dass sich ein paar Preise geändert haben.
_____ es möglich, zehn Pakete zu bekommen?	_____ Sie denn gern eine andere Farbe?
Der Locher _____ grau oder schwarz sein.	_____ Sie das noch einmal wiederholen, bitte?
Wir _____ alles bis Ende der Woche.	Ich _____ Ihnen … empfehlen.
_____ Sie mir die Bestellbestätigung bitte mailen?	Das _____ kein Problem sein.

▶ Ü4

4 Arbeiten Sie zu zweit: Person A notiert mithilfe des Katalogs in 1b, was er/sie bestellen möchte. Beachten Sie: Der Katalog ist vom letzten Jahr! Person B hat den aktuellen Katalog unten. A bestellt telefonisch, B nimmt die Bestellung auf und weist auf Änderungen hin.

> TEXTER Kugelschreiber
Einwegkugelschreiber, transparent, blaue Kappe mit Clip.

Best.-Nr.	Farbe	Packung mit	€/Pck.
2266	schwarz	50 St.	8,79
2267	~~blau~~ ausverkauft	50 St.	8,79
2268	rot	50 St	8,79

> COLLECTOR Büroklammern
Die Büroklammer, die alle Papiere zusammenhält. Galvanisch behandelt und rostfrei.

Best.-Nr.	Größe	Packung mit	€/Pck.
1235	26 mm	100 St.	1,29
1236	26 mm	500 St.	4,99
Rabatt ab 5 Packungen: 10 %			

> PUSH Locher professionell
Metalllocher für den täglichen Gebrauch, bis zu 30 Seiten Stanzleistung.

Best.-Nr.	Farbe	€/St.
663321	blau	4,19 Sonderangebot
663322	grau	6,19

> STICKY Klebeband
Durchsichtiges Klebeband, beste Haftung, geruchsneutral. Länge: 30 Meter.

Best.-Nr.	Breite	€/St.
40442	10 mm	1,39
40443	20 mm	2,39

▶ Ü5

Beschwerden

1 Lesen Sie die Aussagen zu Online-Bewertungen und sprechen Sie zu zweit: Welchen Aussagen stimmen Sie zu? Wie gehen Sie mit Bewertungsportalen um?

„Man kann Bewertungen grundsätzlich nicht trauen."
„Ich lese immer nach, was andere Kunden oder Kundinnen zu einem Produkt schreiben, bevor ich es kaufe."
„Die meisten Kommentare sind eh von Frustrierten. Wer zufrieden war, schreibt selten eine Bewertung."
„Mittlerweile bekommt man über Bewertungsportale viel schneller die Aufmerksamkeit der Firmen als über den Kundenservice."

2a Lesen Sie die negativen Bewertungen. Um was für ein Unternehmen geht es?

 **1 Chrissy:** ⭐ Die Registrierung ist echt aufwendig. Nachdem ich endlich einen Account angelegt hatte, war ich schon total genervt. Dann habe ich gesehen, dass die Bioprodukte nicht lieferbar sind. So ist das nichts für mich.

 2 j_k: ⭐ Das ist so nervig! Während ich auf die Lieferung gewartet habe, hat sich dreimal der Lieferzeitpunkt geändert. Anscheinend hat der Lieferant die Adresse nicht gefunden.

 3 Paulina: ⭐⭐⭐ Ich hatte letzten Monat einen Unfall und bin echt froh, dass ich mir Einkäufe liefern lassen kann. Solange ich noch nicht richtig laufen kann, muss ich also weiter dort bestellen. So ganz zufrieden bin ich aber nicht, weil die Auswahl sehr begrenzt ist.

 4 Karim: ⭐ Immer wenn ich dort bestelle, gibt es ein Problem. Meistens fehlt etwas in der Lieferung. Gestern war nur eine Milch dabei, ich hatte aber zwei bestellt. Die Äpfel haben sie ganz vergessen. Bis man das Geld für solche Fehler zurückbekommt, wartet man ewig.

 5 xxyy: ⭐⭐ Als ich das erste Mal dort bestellt habe, ging alles gut und die Ware war echt schnell da. Aber seit die Firma so groß geworden ist, funktioniert gar nichts mehr. Vor allem die Lieferzeiten sind viel länger geworden.

 **6 käufer_x:** ⭐ Bevor ich bei dem Anbieter bestellt habe, habe ich mich bei Freunden informiert. Die waren immer zufrieden, aber ich hatte jetzt schon öfter Lebensmittel in der Lieferung, die sehr kurz vor dem Verfallsdatum waren. Da ich oft auf Vorrat einkaufe, ist das sehr ärgerlich.

b In welchen Bewertungen geht es um diese Themen? Notieren Sie.

◄ Ü1 Auswahl/Qualität der Produkte: _____   Lieferung: _____   Registrierung: _____

c Sie arbeiten im Kundenservice und sollen die negativen Bewertungen sichten und sammeln. Fassen Sie die Hauptkritikpunkte aus 2a kurz schriftlich für Ihr Team zusammen.

BEWERTUNGEN ZUSAMMENFASSEN UND WEITERGEBEN

Besonders häufig beschweren sich Kunden/Kundinnen über …

Die Kunden/Kundinnen reklamieren z. B. oft, dass …

Viele sind mit … nicht zufrieden.

Zu dem Punkt wird z. B. genannt: …

Es gibt negative Bewertungen/Kommentare zu …

Ein Kunde / Eine Kundin schreibt zum Beispiel, dass …

◄ Ü2 _____

3 a Markieren Sie in 2a die Sätze mit temporalen Konnektoren. Wie ist das Zeitverhältnis zwischen Hauptsatz und Nebensatz? Ordnen Sie die Konnektoren zu.

als	wenn	bevor	solange	während	~~nachdem~~

Konnektoren: Temporalsätze zeitliche Abfolge von Geschehen in Haupt- und Nebensatz	Konnektoren
Nebensatz gleichzeitig mit Hauptsatz	
Nebensatz vor Hauptsatz	*nachdem*
Nebensatz nach Hauptsatz	

Der Konnektor *nachdem* wird immer mit Zeitenwechsel gebraucht.
Hauptsatz: Präsens → Nebensatz: Perfekt   Hauptsatz: Präteritum → Nebensatz: Plusquamperfekt

▶ Ü3–5

b Die Konnektoren *seit/seitdem* und *bis* beschreiben einen Zeitraum. Lesen Sie die Bewertungen 4 und 5 noch einmal und ergänzen Sie in der Regel *endet* oder *begonnen hat.*

Der Nebensatz mit *seit/seitdem* beschreibt, wann die Handlung des Hauptsatzes _____.

Der Nebensatz mit *bis* beschreibt, wann die Handlung des Hauptsatzes _____.

▶ Ü6

4 Denken Sie sich in Gruppen ein Produkt / einen Service aus, zu dem Sie eine Bewertung schreiben. Beginnen Sie mit einem temporalen Nebensatz und geben Sie ihn an den/die Nächste/n weiter. Er/Sie beendet den Satz und formuliert einen neuen Nebensatz.

Als ich eine Pizza bestellen wollte, hat das Bestellsystem nicht funktioniert. Bis …

◀ Ü7

5 a Lesen Sie die Regeln, wie man mit Kundenbeschwerden umgehen soll. Ordnen Sie die Formulierungen den Regeln zu.

Unsere goldenen Regeln zu Antworten auf Kundenbeschwerden
🙂 **1. Freundlichkeit:** Immer freundlich und positiv einsteigen! Sich für die Kommentare bedanken und nicht belehren oder Fehler vorwerfen.
❤️ **2. Anteilnahme:** Sich entschuldigen und Bedauern ausdrücken. Verständnis zeigen, auch bei kleinen Problemen.
👍 **3. Vorwärtsorientierung:** Immer zeigen, was wir verbessern werden oder schon geändert haben. Bei Bedarf Entschädigungen anbieten, z. B. Gutscheine.

Wir arbeiten momentan an einer Optimierung der Abläufe. _3_   Derzeit arbeiten wir an … ____
Wir bedanken uns für Ihren Kommentar. ____   Wir bedauern, dass Sie nicht zufrieden waren. ____
Wir nehmen Ihre Kritik ernst und haben die zuständige Abteilung informiert. ____
Natürlich ist es bedauerlich, dass es zu den Unannehmlichkeiten gekommen ist. ____
Als Entschädigung bieten wir Ihnen eine Gutschrift für Ihren nächsten Einkauf an. ____
Bei Fragen zu … wenden Sie sich gerne an diese Adresse: … ____
Es tut uns sehr leid, dass die beschriebenen Probleme aufgetreten sind. ____
Herzlichen Dank für Ihre Rückmeldung zu unserem Service. ____

▶ Ü8

b Wählen Sie eine Bewertung aus 2a und schreiben Sie eine Antwort für das Unternehmen.

Kommunikation im Beruf

1a Sehen Sie die Fotos an. Welche Probleme gibt es? Kennen Sie diese Probleme? Sprechen Sie in Gruppen.

b Ordnen Sie die Ausdrücke den Situationen in 1a zu. Manchmal passen sie zu beiden Situationen. Sammeln Sie dann weitere Ausdrücke im Kurs.

1. automatisch speichern ____

2. Daten weg sein ____

3. den Nutzernamen ändern ____

4. eine Aufforderung bestätigen ____

5. den Cache löschen ____

6. die Zugangsdaten eingeben ____

7. den Computer hochfahren/runterfahren ____

8. ein neues Passwort anfordern ____

9. ein Update installieren ____

10. eine Fehlermeldung bekommen ____

11. das Konto freischalten lassen ____

12. den Browser neu starten ____

13. sich einloggen ____

14. Daten sichern ____

1.21

c Hören Sie die Gespräche. Waren Ihre Vermutungen in 1a richtig?

d Hören Sie noch einmal. Welche Lösungswege werden vorgeschlagen? Notieren Sie.

2a Arbeiten Sie zu zweit. Wählen Sie eine Situation aus 1a oder ein ähnliches technisches Problem. Schreiben Sie ein Gespräch. Verwenden Sie auch die Ausdrücke aus 1b.

EIN TECHNISCHES PROBLEM BESCHREIBEN	NACHFRAGEN UND HINWEISE GEBEN
… funktioniert nicht.	Schildern/Erklären Sie mir doch bitte genau/kurz, was Sie gemacht haben.
Hier ist eine Fehlermeldung, die …	Funktioniert denn …?
… lässt sich nicht öffnen/drucken/anschalten.	Bitte probieren/versuchen Sie, …
Wenn ich … mache, dann passiert nichts.	Könnten Sie bitte Folgendes machen: …?
Normalerweise klappt das, aber heute …	Haben Sie schon probiert, …?
So etwas ist mir noch nie passiert!	Ich schicke Ihnen eine Mail mit …

b Üben Sie, bis Sie das Gespräch frei vorspielen können.

Runde 1: Lesen Sie den Text ab. Achten Sie auf Ihren Einsatz. Achten Sie auch auf die Emotionen.
Runde 2: Legen Sie den Text neben sich, aber lesen Sie nur ab, wenn Sie nicht weiterkommen.
Runde 3: Sprechen Sie ohne Text.
Runde 4: Drehen Sie sich Rücken an Rücken. Sprechen Sie noch einmal ohne Text.

1 lokale Präpositionen

	Wo?	Wohin?	Woher?
mit Akkusativ	um … herum	bis, durch, gegen, um	✕
mit Dativ	ab, bei, von … aus	nach, zu	aus, von
mit Dativ oder Akkusativ (Wechselpräpositionen)	an, auf, hinter, in, neben, über, unter, vor, zwischen	✕	

Wechselpräpositionen

Frage *Wo?* → Wechselpräposition mit Dativ	**Frage *Wohin?*** → Wechselpräposition mit Akkusativ
○ ***Wo*** stehen die Stühle?	○ ***Wohin*** kommen die Stühle?
● ***Im*** Raum.	● ***In den*** Raum.

2 Konjunktiv II der Gegenwart

Mit dem Konjunktiv II kann man:

Bitten höflich ausdrücken	*Würdest du etwas für uns bestellen?*
Wünsche ausdrücken	*Ich hätte gerne einen neuen Locher.*
Vermutungen ausdrücken	*Das Paket dürfte nächste Woche leer sein.*
Vorschläge machen	*Du könntest den Hausmeister fragen.*

Die meisten Verben bilden den Konjunktiv II mit den Formen von *würde* + Infinitiv.

Singular	ich **würde** bestellen	du **würdest** bestellen	er/es/sie **würde** bestellen
Plural	wir **würden** bestellen	ihr **würdet** bestellen	sie/Sie **würden** bestellen

Die Modalverben, *sein, haben, brauchen* und *wissen* bilden den Konjunktiv I aus den Präteritum-Formen + Umlaut (*a, o, u → ä, ö, ü*). Die 1. und 3. Person Singular von *sein* bekommt die Endung *-e*: *wäre, hätte, müsste, könnte, dürfte, bräuchte, wüsste*
Ausnahme: *wollen* und *sollen* ohne Umlaut: *ich sollte, du solltest …; ich wollte, du wolltest …*

3 Konnektoren: Temporalsätze

Fragewort	**Beispiel**
Wann? Wie lange? Gleichzeitigkeit: Hauptsatz **gleichzeitig mit** Nebensatz	*Immer **wenn** ich dort bestelle, gibt es ein Problem.* **wenn**: wiederholter Vorgang *Als ich das erste Mal dort bestellt habe, ging alles gut.* **als**: einmaliger Vorgang in der Vergangenheit *Während ich gewartet habe, hat sich der Lieferzeitpunkt geändert.* **während**: andauernder Vorgang *Solange ich noch nicht laufen kann, muss ich dort bestellen.* **solange**: gleichzeitiges Ende beider Vorgänge
Vorzeitigkeit: Nebensatz **vor** Hauptsatz Nachzeitigkeit: Nebensatz **nach** Hauptsatz	*Nachdem* es Probleme gegeben hat, bestelle ich dort nicht mehr.* *Nachdem* ich einen Account angelegt hatte, war ich schon genervt.* *Bevor ich bestellt habe, habe ich mich bei Freunden informiert.*
Seit wann?	*Seitdem/Seit die Firma so groß geworden ist, funktioniert gar nichts mehr.*
Bis wann?	*Bis man das Geld zurückbekommt, wartet man ewig.*

* Der Konnektor *nachdem* wird immer mit Zeitenwechsel gebraucht.
Hauptsatz: Präsens → Nebensatz: Perfekt; Hauptsatz: Präteritum → Nebensatz: Plusquamperfekt

Sprechtraining

1.22

1 a Hören Sie das Gespräch. Worüber sprechen die Personen?

b Hören Sie noch einmal. Welche Sätze hören Sie? Kreuzen Sie an.

Verstehen äußern	Nichtverstehen signalisieren und nachfragen
☐ Ah, so geht das.	☐ Das ist mir noch nicht klar.
☐ Alles klar.	☐ Wie bitte?
☐ Ach so.	☐ Noch einmal etwas langsamer, bitte.
☐ Jetzt habe ich alles verstanden.	☐ Könnten Sie mir das noch einmal zeigen?
☐ Wird gemacht.	☐ Entschuldigung, wie geht das genau?
☐ Okay.	☐ Entschuldigung, das habe ich nicht ganz verstanden.
☐ Gut, das mache ich!	☐ Was genau muss ich machen?
☐ Super, das ist nicht so schwer.	☐ Könnten Sie mir das erklären, bitte?

> **TIPP** **nachfragen und um Wiederholung bitten**
> Fragen Sie nach, wenn Sie eine Erklärung oder einen Arbeitsablauf nicht verstanden haben.
> Das ist besser, als später Fehler zu machen.

2 a Lesen Sie das Gespräch zwischen zwei Mitarbeitern und ergänzen Sie.

> ~~Guten Morgen~~   Sie müssen zuerst   Wo finde ich   Arbeitsschuhe anziehen   Dort drüben   wie bitte

○ (1) _Guten Morgen_____, Herr Kovalenko, einen Moment, bitte!

● Guten Morgen. Ja?

○ Vor Betreten der Werkstatt müssen Sie (2) _____.

● Entschuldigung, (3) _____? Das habe ich nicht ganz verstanden.

○ Heute ist ja Ihr erster Tag in der Werkstatt, da wissen Sie das vielleicht noch nicht.

  (4) _____ Arbeitsschuhe anziehen, wenn Sie in die Werkstatt gehen.

  Gehen Sie also erst mal in den Umkleideraum.

● Alles klar, das mache ich. (5) _____ den Umkleideraum?

○ (6) _____. Bis gleich!

● Danke, bis gleich!

b Spielen Sie zu zweit ähnliche Gespräche. Wählen Sie zwei Situationen: Person 1 ist neu in der Firma, Person 2 erklärt. Tauschen Sie dann die Rollen. Verwenden Sie die Ausdrücke aus 1b.

1. Mundschutz und Haube aufsetzen vor Betreten des Labors

2. Hände vor und nach Patientenkontakt desinfizieren

3. kontrollierte Lieferscheine in den Ordner „erledigt" ablegen

4. Spielsachen abends in die roten Kisten räumen

5. Kaffeegeld in die hellblaue Kasse im Schrank legen

6. Computer abends runterfahren, die letzte Person schaltet die Stromleiste aus

7. nach Wartung der Maschinen Tag und Uhrzeit in die Liste eintragen

8. Lebensmittel mit abgelaufenem Haltbarkeitsdatum in das weiße Regal räumen

3 Leo macht ein Praktikum in einer Fahrradwerkstatt. Er soll ein plattes Fahrrad reparieren. Diana erklärt ihm, wie das geht. Ordnen Sie den Fragen die passenden Antworten zu. Lesen Sie dann das Gespräch zu zweit.

  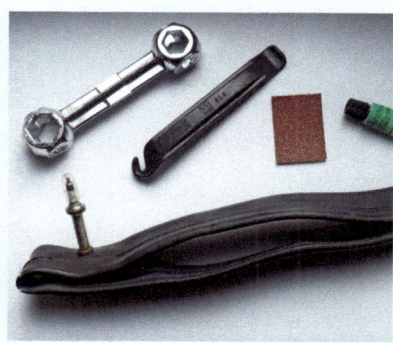

Leo

A Wie bitte? Was ist das für ein Mittel? ____

B Alles klar, danke. Und dann? ____

C Man sucht die kaputte Stelle, oder? ____

D Ach so. Wie lange dauert das? ____

E Das habe ich nicht ganz verstanden.
Was bedeutet „aufrauen"? ____

F Entschuldigung, wie flickt man einen
Schlauch? _1_

Diana

1. Zuerst muss man den Fahrradschlauch reinigen und kontrollieren.
2. Genau. Wenn man das Loch im Schlauch gefunden hat, muss man die Stelle aufrauen.
3. Man macht die Oberfläche um das Loch herum uneben. So hält der Klebstoff besser. Das nennt man aufrauen.
4. Als Nächstes muss man Vulkanisationsmittel auftragen.
5. Das ist ein spezieller Klebstoff für Reifen. Man muss warten, bis er ein bisschen getrocknet ist.
6. Etwa drei Minuten. Schließlich kann man den Fahrrad-flicken aufkleben. Fertig!

4 a Wählen Sie zu zweit eine Situation und lesen Sie auf der entsprechenden Seite die Abläufe. Machen Sie sich Notizen und spielen Sie dann das Gespräch.

Situation 1: Hände waschen (Seite 30)

A Sie sind Küchenchef/in. Erklären Sie Ihrem/Ihrer neuen Auszubildenden, wie man richtig Hände wäscht.

B Sie beginnen Ihre Ausbildung als Restaurant-fachfrau/-mann. Sie verstehen die Erklärungen nicht ganz und fragen nach.

Situation 2: Kaffeemaschine reinigen (Seite 82)

A Im Büro gibt es eine neue Kaffeemaschine. Sie wissen nicht, wie man sie reinigt, und fragen Ihren Kollegen / Ihre Kollegin.

B Erklären Sie Ihrem Kollegen / Ihrer Kollegin, wie man die neue Kaffeemaschine richtig reinigt, und beantworten Sie Fragen.

b Nehmen Sie das Gespräch mit Ihrem Smartphone auf. Beachten Sie auch die Checkliste.

> **Checkliste: Arbeitsabläufe verstehen und beschreiben**
> ☐ Inhalt: berufsbezogene Arbeitsabläufe
> ☐ Sprechweise: langsam und deutlich, mit Pausen
> ☐ Register: formell / halbformell, je nach Adressat/in
> ☐ Grammatik: Adverbien (*zuerst, dann, als Nächstes, schließlich*), temporale Nebensätze (*wenn, nachdem, bis, sobald*)
> ☐ Wortschatz: Verben (*drücken, reinigen, kontrollieren, waschen …*), schwierige Wörter umschreiben

Und was machst du so?

 1 a Etwas über mich erzählen. Welche Wörter passen zu welchen Themen? Notieren Sie.

<del>eine Ausbildung machen</del>   verheiratet   der Sport
einen Deutschkurs besuchen   das Gymnasium
ganztags   alleinerziehend   als … arbeiten
die Firma   einen Beruf lernen   der Mann / die Frau
der Partner / die Partnerin   der Single   der Job
Fußball spielen   studieren   die Eltern   fernsehen
der Schulabschluss   der Betrieb   halbtags
schwimmen   der Verein   das Büro   Musik hören
ein Instrument spielen   eine Arbeitsstelle suchen
die Weiterbildung   getrennt   das Lieblingsfach
die Kollegen / die Kolleginnen   lesen   das Kind
ausgehen   der Sohn / die Tochter   chatten
das Abitur   Videos/Fotos posten   geschieden
ein Praktikum machen   der mittlere Schulabschluss
Freunde treffen   das Zeugnis   die Grundschule

Ausbildung/Arbeit	Schule/Studium	Familie	Freizeit
eine Ausbildung machen			

b Ergänzen Sie vier Begriffe zu jedem Thema.

c Schreiben Sie zu jedem Thema einen Satz über sich selbst.

 2 Rund um den Beruf. Finden Sie 13 Nomen. Notieren Sie sie mit Artikel und Plural.

STELLE/FIRMABERUFKOLLEGEBETRIEBPRAKTIKUMJOBARBEITSZEITGEHALT
ARBEITSPLATZBEWERBUNGSTELLENANZEIGESCHICHT

1. die Stelle – die Stellen, 2. …

3 Wie heißen die Fragen? Ordnen Sie zu.

1. Seit wann arbeitest du __C__

2. Welche Ausbildung ____

3. Was bist du ____

4. Möchtest du ____

5. Hast du schon mal ____

6. Wie lange wird ____

7. Welche Erfahrungen hast du ____

8. Würdest du lieber ganztags ____

A von Beruf?

B deine Ausbildung/Weiterbildung dauern?

C in diesem Beruf?

D in diesem Beruf gemacht?

E möchtest du machen?

F oder halbtags arbeiten?

G in Deutschland studieren?

H ein Praktikum gemacht?

4 a Wer bin ich? Sehen Sie die Fotos an und ergänzen Sie die Beschreibungen.

> Koch   Supermarkt   unterrichte   Maurer   ~~reparieren~~   Lehrerin   Mechatroniker   Ärztin   Baustelle
> verkaufe   Schule   koche   Werkstatt   bauen   behandle   Verkäuferin   Restaurant   Krankenhaus

A Ich kann Autos __reparieren__. Ich arbeite als _____ in einer _____.

B Ich arbeite auf einer _____. Wir _____ gerade ein neues Wohnhaus.

Ich bin _____ von Beruf.

C Ich arbeite in einer _____. Dort _____ ich Kinder. Ich bin _____.

D Ich _____ Fleisch und Wurst und arbeite in einem _____. Ich bin

_____.

E Ich _____ sehr gern. Deshalb bin ich _____ von Beruf und arbeite in

einem _____.

F Ich bin _____. Ich arbeite in einem _____ und _____

kranke Menschen.

b Und Sie? In welchem Beruf arbeiten Sie oder möchten Sie gern arbeiten? Schreiben Sie drei Sätze.

1 Ergänzen Sie die Zusammenfassung der Lebensgeschichte von Rana Adi.

Abitur	Praktikum	Geschwister	verbessern	Sprachkurs	Studium
Ausbildung	aushilfsweise	Familie	tätig	Zertifikat	geboren

Rana wurde in Homs (1) _____ und hat noch drei

(2) _____. Ihr Vater war als Ingenieur

(3) _____. Ihre Mutter war Hausfrau und hat sich um die

Kinder gekümmert. Rana hat das (4) _____ gemacht.

Danach hat sie ein (5) _____ begonnen. Weil ihre

(6) _____ das Land verlassen musste, ist sie nach

Deutschland gekommen. Hier hat sie sofort einen

(7) _____ besucht. Danach hat sie ein (8) _____ in einer Apotheke

gemacht. Dort merkte sie, dass sie ihr Deutsch noch (9) _____ muss. Deshalb hat sie

einen Berufssprachkurs besucht, den sie mit dem (10) _____ für B2 abgeschlossen hat.

Damit konnte sie eine (11) _____ zur Pharmazeutisch-technischen Assistentin (PTA)

beginnen. Zurzeit arbeitet sie (12) _____ in einer Apotheke.

 2a Ordnen Sie die Infinitive den Nomen zu.

besuchen	werden	gehen	schreiben	studieren	~~beginnen~~	lernen	arbeiten	machen	finden

	Infinitiv	Präteritum	Perfekt
1. eine Ausbildung	*beginnen*	*begann*	*hat begonnen*
2. die Schule			
3. eine Stelle			
4. Lehrer/in			
5. Vollzeit			
6. Medizin			
7. in die Berufsschule			
8. das Abitur			
9. eine Bewerbung			
10. eine Sprache			

 b Notieren Sie alle Tempusformen wie im Beispiel in 2a. Achten Sie darauf, ob die Verben regelmäßig oder unregelmäßig sind.

regelmäßig			unregelmäßig		
Infinitiv	**Präteritum**	**Partizip II**	**Infinitiv**	**Präteritum**	**Partizip II**
lern-en	lern-te	ge-lern-t	find-en	fand	ge-fund-en
mach-en	mach-te	ge-mach-t	geh-en	ging	ge-gang-en

c Traumberuf. Ergänzen Sie die Verben im Perfekt.

Nach der Schule _____ ich zuerst eine Ausbildung zum Bankkaufmanr (1) _____

(beginnen), aber das war nicht das Richtige für mich. Also _____ ich erst mal für zwei Jahre

nach Italien (2) _____ (gehen) und _____ im Hotel von meinem Onkel

(3) _____ (arbeiten). Dort _____ ich auch die Sprache gut

(4) _____ (lernen). Die Arbeit _____ mir Spaß (5) _____

(machen). Deshalb _____ ich eine Ausbildung zum Hotelkaufmann (6) _____

(abschließen) und _____ ein Zertifikat (7) _____ (bekommen). In Deutschland

möchte ich auch in einem Hotel arbeiten. Ich _____ schon Bewerbungen (8) _____

(schreiben) und hoffe, dass ich eine positive Antwort erhalte.

 3 a Bilden Sie zu den Verben das Partizip II und ordnen Sie es in die Tabelle.

besuchen teilnehmen kommen anfangen mitarbeiten suchen finden passieren anrufen verkaufen warten verstehen machen aufhören empfehlen nachfragen lesen reagieren bestehen

ge..........t	...ge.......t	...........t	ge..........en	...ge.......en	...........en
		besucht			

b Notieren Sie zu jeder Gruppe zwei weitere Verben.

 c Schreiben Sie die Sätze im Perfekt.

1. Anfang des Jahres / mich / mein Betreuer von der Agentur für Arbeit / anrufen / .
2. Er / mich / zu einem Berufsberatungsseminar / einladen / .
3. Ich / an dem Seminar / mit großem Interesse / teilnehmen / .
4. In dem Seminar / ich / alles / verstehen / und viel / lernen / .
5. Nach dem Seminar / die Agentur / mit mir zusammen / ein Praktikum / suchen / .
6. Ich / in der Produktion von Autos / am Fließband / mitarbeiten / .
7. Das Praktikum / ich / letzte Woche / beenden / .
8. Und gestern / ich / dort / als fester Mitarbeiter / anfangen / .

1. Anfang des Jahres hat mich mein Betreuer von der Agentur für Arbeit angerufen.

Das bin ich

 4 **Was ist vorher passiert? Ergänzen Sie je einen Satz im Plusquamperfekt.**

1. Meine Kollegin hat einen Kuchen mitgebracht. (Geburtstag im Büro noch nicht feiern)
2. Ich bin gestern zu spät ins Büro gekommen. (Straßenbahn verpassen)
3. Der Chef war heute Morgen ziemlich genervt. (Kollege sich schon wieder verspäten)
4. Frau Yenner stand ratlos am Kopierer. (Code vergessen)
5. Ich habe die Führerscheinprüfung zum Glück bestanden. (viele Fahrstunden nehmen)
6. Ich bin erst gestern aus dem Urlaub zurückgekommen. (zu meinen Eltern reisen)

1. Sie hatte ihren Geburtstag im Büro noch nicht gefeiert.

 5 a **Marek schreibt an die Personalabteilung. Lesen Sie seine Nachricht. Was ist das Problem?**

> Hallo Frau Herbich,
> es gibt leider ein Problem. Wir sind gerade im Besprechungsraum und können nicht mit dem Vorstellungsgespräch beginnen. Der Bewerber ist noch nicht da und wir können ihn auch nicht telefonisch erreichen. Weiß er, dass das Gespräch heute ist? Oder hat er vielleicht abgesagt? Wir wissen nicht, was wir machen sollen. Rufen Sie mich bitte an. Wir brauchen Ihren Rat.
> Marek

 b **Später berichtet Marek zu Hause, was passiert ist. Schreiben Sie die Sätze aus 5a im Präteritum.**

TIPP Die Hilfsverben *sein* und *haben* und die Modalverben benutzt man beim Sprechen über die Vergangenheit im Präteritum, ebenso die Verben *geben (es gab)*, *wissen (wusste)* und *brauchen (brauchte)*.

Es gab leider ein Problem. Wir waren …

 6 a **Ein berühmter Wissenschaftler. Ergänzen Sie in der Kurzbiografie die Verben im Präteritum.**

Uğur Şahin ___zog_____ im Alter von vier Jahren mit seiner Mutter aus der Türkei zu seinem Vater, der in den Kölner Ford-Werken _____. Neben Fußball _____ ihn vor allem populärwissenschaftliche Bücher, die er in der Kirchenbücherei _____. In der Grundschule _____ er zunächst keine Empfehlung für das Gymnasium. Erst durch die Unterstützung eines Nachbarn _____ für ihn die höhere Schule möglich. Sein Abitur _____ Şahin 1984 am heutigen Erich Kästner-Gymnasium in Köln-Niehl – als erstes türkischstämmiges Gastarbeiterkind der Schule. Er _____ die Leistungskurse Mathematik und Chemie und _____ Jahrgangsbester. Von 1984 bis 1992 _____ Şahin Medizin an der Universität zu Köln. Er _____ 1992. Anschließend nahm er an der Fernuniversität Hagen ein Studium für Mathematik auf. Doch letztendlich _____ er in der Forschung. Ende der neunziger Jahre _____ er an das Universitätsklinikum in Homburg, wo er seine spätere Frau Özlem Türeci _____. Gemeinsam _____ sie die Firma BioNTech und _____ Impfstoffe und verschiedene Krebstherapien.	1. ziehen 2. arbeiten / 3. interessieren 4. ausleihen / 5. bekommen 6. werden / 7. machen 8. haben 9. sein 10. studieren 11. promovieren 12. bleiben 13. gehen 14. kennenlernen 15. gründen / 16. entwickeln

b **Schreiben Sie eine Kurzbiografie im Präteritum zu einer (Fantasie-)Person. Sie können sich auch Namen und Orte ausdenken.**

1 Ordnen Sie die Ausdrücke den Fotos zu.

____ 1. Konstruktionspläne und technische Zeichnungen verstehen

____ 2. gut und präzise mit Händen und Fingern arbeiten können

____ 3. sich etwas räumlich vorstellen können

____ 4. schwer körperlich arbeiten

____ 5. gern mit jungen Menschen zu tun haben

____ 6. sich mündlich und schriftlich gut ausdrücken können

2 Was passt zusammen? Ordnen Sie zu.

1. Für den Beruf braucht man ____

2. Typisch für diesen Beruf ____

3. Man arbeitet in diesem Beruf ____

4. Zu den Aufgaben in diesem Beruf gehört, ____

5. Die Arbeitszeiten in diesem Beruf ____

A sich ständig weiterzubilden.

B eine abgeschlossene Ausbildung.

C sind flexibel.

E ist die Schichtarbeit.

F in einer großen Werkhalle.

3 Bei der Berufsberatung. Ergänzen Sie die Wörter.

beruflich	Berufstyp	überlegen	Gespräch	Fähigkeiten	Aussagen	Vorstellungen

Ich freue mich, dass Sie zu unserem (1) _____ gekommen sind. Wir wollen gemeinsam

(2) _____, wie es bei Ihnen (3) _____ weitergehen könnte. Es geht vor

allem darum, welche (4) _____ und Wünsche Sie haben. Besonders interessiert mich,

was Sie können und welche (5) _____ Sie mitbringen. Dazu lese ich Ihnen ein paar

Sätze vor. Sagen Sie einfach, ob die (6) _____ für Sie stimmen oder nicht. So können wir

herausfinden, welcher (7) _____ Sie sind.

INFO | **Berufsberatung**

In Deutschland gibt es eine Berufsberatung für junge Menschen und Erwachsene bei der Bundesagentur für Arbeit. In der Beratung bekommt man Informationen und Ratschläge zur Berufswahl. Außerdem wird man über die Anforderungen in den Berufen informiert. Die Berufsberater/innen entwickeln gemeinsam mit den Ratsuchenden Berufswünsche sowie berufliche Möglichkeiten und Alternativen. Dazu vermittelt die Bundesagentur auch Ausbildungsplätze.

4 a Welche Pläne haben Irina und Álvaro? Schreiben Sie Sätze: Für Irina im Futur I und für Álvaro im Präsens mit Zeitangabe.

Juli:	Berufssprachkurs B2 beenden
Anfang August:	Deutsch-Test für den Beruf ablegen
September:	Praktikum bei der Stadtverwaltung Mainz machen
nächstes Jahr:	Ausbildung zur Verwaltungsfachangestellten beginnen

im April:	das Café umbauen und vergrößern
im Mai:	Außenplätze vor dem Café in Betrieb nehmen
im Sommer:	mehr Personal einstellen
in zwei Jahren:	ein zweites Café in der Innenstadt eröffnen

Irina wird im Juli den Berufssprachkurs B2 beenden.
Álvaro baut im April das Café um und …

> **TIPP** In Sätzen mit Futur I müssen Sie nicht unbedingt Zeitangaben benutzen: *Irina wird den Berufssprachkurs B2 beenden.*

b Im nächsten Job wird alles besser! Schreiben Sie drei gute Vorsätze.

Ich werde immer pünktlich sein und …

5 a Formulieren Sie mithilfe des Futur I Prognosen.

1. Das Internet gewinnt für den Arbeitsmarkt noch mehr an Bedeutung.
2. Die Probleme in der Firma verschärfen sich immer mehr.
3. Die Informationstechnik spielt in unserer Firma eine größere Rolle.
4. Unsere Kindertagesstätte findet immer weniger Mitarbeitende.
5. Deutschland braucht immer mehr Fachkräfte aus dem Ausland.
6. Künstliche Intelligenz kommt im Arbeitsalltag verstärkt zum Einsatz.

> **TIPP** Mit dem Futur I kann man auch eine Prognose formulieren. Man drückt aus, wie sich etwas entwickeln wird.

1. Das Internet wird für den Arbeitsmarkt noch mehr an Bedeutung gewinnen.

b Schreiben Sie drei Prognosen für die Zukunft auf.

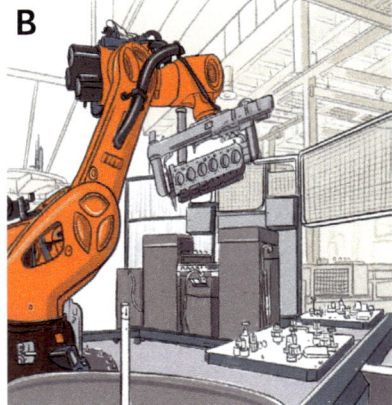

1 Lesen Sie die Forumsbeiträge zum Thema „schwierige Berufe" und schreiben Sie einen Beitrag.

Enigma

Es gibt Berufe, die man relativ entspannt ausüben kann. Doch um manche Jobs wird man nicht unbedingt beneidet. Der Grund dafür ist oft, dass sie schwierig oder gefährlich sind. In welchen Berufen würdet ihr lieber nicht arbeiten wollen? Welche Berufe findet ihr schwierig? Ich bin auf eure Beiträge gespannt.

FUTURA

Also, für mich wäre es richtig schwierig, wenn ich selbstständig arbeiten müsste. Als Selbstständige/r muss man sich ständig um Folgeaufträge kümmern. Denn ohne Aufträge – kein Geld. Das stelle ich mir wirklich anstrengend vor, weil das großen Druck erzeugt. Besonders schwierig ist es, wenn man Mitarbeitende hat. Dann hat man für diese Menschen ja auch eine große Verantwortung. Für mich wäre das wirklich nichts und ich hätte nur schlaflose Nächte.

_____

_____

_____

_____

_____

_____

_____

_____

_____

_____

 **2 a** Hören Sie das Telefongespräch. Wer ruft wen und warum an?

2.1

Wer? _____

Wen? _____

Warum? _____

_____

b Herr Sedat stellt zwei Fragen und bekommt zwei Antworten. Hören Sie das Gespräch noch einmal. Ergänzen Sie die fehlende Frage und die fehlende Antwort.

Frage 1:

_____

_____

Frage 2:

Was muss ich tun, damit die Agentur für Arbeit die Kosten übernimmt?

Antwort:

– *Abschluss als Meister gute Grundlage*

– *viel Neues lernen*

– *Aufgabenfeld viel umfangreicher*

Antwort:

– _____

– _____

– _____

Was nun?

3a Wichtige Verben mit Dativ und Akkusativ. Finden Sie die Verben und ordnen Sie sie in die Tabelle. Ergänzen Sie weitere Beispiele.

gelingen|beantwortendankenbekommeneinfallenessengefallen
liebenhelfenhörenbenutzenpassenlesenhabenzustimmen

Verben mit Dativ	Verben mit Akkusativ
gelingen	

b Wählen Sie je drei Verben und schreiben Sie einen Satz.

Die Präsentation ist dir gut gelungen. _____

_____

_____

_____

_____

_____

4 Dativ oder Akkusativ? Ergänzen Sie das Artikelwort.

1. ○ Ich habe eben d_____ Firma „Papier Store" angerufen. Das Angebot ist noch nicht da.

   ● Ich dachte, sie haben es d_____ Chef geschickt. Hast du d_____ Assistentin mal gefragt?

   ○ Klar, sie sagt, sie hat kein_____ Mail erhalten.

   ● Und was hat die Firma gesagt?

   ○ Sie haben sich gewundert, dass wir d_____ Angebot nicht bekommen haben. Sie schicken es

      d_____ Assistentin gleich noch einmal.

2. ○ Wir wollen morgen nach Feierabend mit dem Team zum Kegeln. Kommst du mit?

   ● Ich weiß noch nicht genau. Ich helfe ein_____ Freundin beim Umzug.

   ○ Es wäre toll, wenn du mitkommst. Du kannst mir und d_____ Team auch morgen noch kurzfristig

      ein_____ Nachricht schicken. Dann warten wir auf dich.

3. ○ Hast du d_____ Anfrage von Herrn Jankowski schon beantwortet?

   ● Nein, noch nicht. Das mache ich gleich. Kennst du sein_____ Betrieb?

   ○ Ja, klar. Er war schon oft hier und ich habe sein_____ Büro jede Menge Material verkauft.

   ● Komisch, dass ich dies_____ Kunden noch nie gesehen habe.

5 Verben mit Dativ und Akkusativ. Suchen Sie passende Objekte und bilden Sie Sätze.

Subjekt	Verb
1. Der Chef	verbieten
2. Frau Yenner	mitbringen
3. Das Finanzamt	mitteilen
4. Der Assistent	anbieten
5. Die Rezeption	reservieren
6. Die Firma	schicken

Objekt

~~allen Mitarbeitenden~~   dem Selbstständigen   dem Besucher
die Steuernummer   der Kundin   allen Kollegen und Kolleginnen
~~das Parken auf dem Firmengelände~~   die bestellte Ware   dem Gast
selbstgebackenen Kuchen   eine Tasse Kaffee   ein Zimmer

1. Der Chef verbietet allen Mitarbeitenden das Parken auf dem Firmengelände.

 6 Das Personalpronomen im Nominativ, Dativ und Akkusativ. Ergänzen Sie.

N	ich	du	er	es	sie	wir	ihr	sie/Sie
A					sie	uns		
D		dir			ihr			ihnen/ Ihnen

 7 Beantworten Sie die Fragen. Ersetzen Sie dabei die unterstrichenen Wörter durch Pronomen. Achten Sie auf die Position des Pronomens.

TIPP **Stellung der Objekte**
1. **Dativ** vor Akkusativ
○ Hast du **dem Kunden** die Ware geschickt?
● Ja, ich habe **ihm** die Ware geschickt.
2. Akkusativpronomen **vor Dativ**
○ Hast du sie **dem Kunden** geschickt?
● Ja, ich habe sie **ihm** geschickt.

1. ○ Hast du dem Kunden einen Rabatt angeboten?   ● *Ja, ich habe ihm einen Rabatt angeboten.*
2. ○ Hast du der Firma das Gerät verkauft?   ● _____
3. ○ Hast du dem Chef die Kundenliste geschickt?   ● _____
4. ○ Hast du allen Kunden den Betrag erstattet?   ● _____
5. ○ Hast du den Interessenten den Termin abgesagt?   ● _____
6. ○ Hast du dem Praktikanten das Formular gezeigt?   ● _____

 8 a Verben mit Präpositionen. Ergänzen Sie die Präposition und den Kasus.

1. hoffen _auf_ + _A_
2. sich ärgern _____ + ___
3. warten _____ + ___
4. sich informieren _____ + ___
5. teilnehmen _____ + ___
6. sich interessieren _____ + ___
7. einladen _____ + ___
8. sich treffen _____ + ___
9. sich entscheiden _____ + ___

b Wählen Sie fünf Verben aus 8a. Schreiben Sie zu jedem Verb einen Satz.

TIPP Verben mit Präpositionen kann man gut durch Wiederholung der Präposition in Beispielsätzen lernen.
*Er freut sich **über** die **Über**raschung.*

Was nun?

c Lesen Sie die Beispiele und schreiben Sie zu den Sätzen immer beide Varianten a und b.

1. Ich hoffe auf ein Praktikum
   a) Ich hoffe <u>darauf</u>.
   b) Und <u>worauf</u> hoffst du?
2. Ich ärgere mich über meinen Chef.
   a) Ich ärgere mich <u>über ihn</u>.
   b) <u>Über wen</u> ärgerst du dich?

1. Ich informiere mich über eine Ausbildung.
2. Ich warte auf meinen Kollegen.
3. Ich interessiere mich für eine Weiterbildung.
4. Ich freue mich über die Zusage.
5. Ich treffe mich mit einer Kollegin.
6. Ich nehme an der Veranstaltung teil.

> **TIPP**
> Präpositionaladverbien und Fragewörter stehen oft bei Verben mit Präpositionen. *da(r)* und *wo(r)* verwendet man nur bei Sachen und Ereignissen. Bei Personen und Institutionen nimmt man Präposition + Pronomen/Fragewort.
> Nach *wo…* und *da…* wird ein *r* eingefügt, wenn die Präposition mit einem Vokal beginnt: *auf → worauf/ darauf*

Aussprache: Satzmelodie im Aussage- und Fragesatz

2.2

1a Hören Sie die Dialoge. Frage oder Aussage? Ergänzen Sie die Satzzeichen.

1. ○ Kommen Sie morgen ins Büro <u>?</u>____
   ● Nein____
   ○ Nein____
   ● Ich habe doch morgen frei____

2. ○ Leiten Sie heute das Meeting____
   ● Ich____
   ○ Ja, Sie____
   ● Leider nicht____

3. ○ Ich habe ab morgen Urlaub____
   ● Ich auch____
   ○ Sie auch____
   ● Ja, meine Kinder haben doch Ferien____

4. ○ Die Verwaltung hat morgen geschlossen____
   ● Wir auch____
   ○ Nein, Sie nicht____ Sie arbeiten doch im Lager____
   ● Wie schade____

b Lesen Sie die Dialoge laut zu zweit.

2.3

2a Lesen Sie die Regeln. Hören Sie die Sätze und ordnen Sie die Regeln zu.

1. Arbeiten Sie hier? _2_
2. Ich arbeite montags ____, mittwochs ____ und freitags ____.
3. Nehmen Sie doch Platz. ____
4. Frau Tobi hat gesagt, ____ dass sie nicht kommt. ____
5. Sprechen Sie bitte lauter. ____
6. Wie kann ich Ihnen helfen? ____

> **TIPP**
> 1. Die Melodie fällt in neutralen Aussagen, in Bitten, Aufforderungen und neutral gesprochenen W-Fragen: ↘
> 2. Die Melodie steigt in Ja-/Nein-Fragen und Rückfragen: ↗
> 3. Die Melodie bleibt schwebend bei Aufzählungen und vor Pausen, z. B. vor *und, weil, dass…*: →

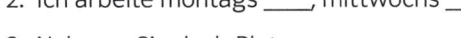

2.4

b Hören Sie das Gespräch und markieren Sie die Melodie: ↗ ↘ →. Lesen Sie den Dialog dann laut zu zweit.

○ Wie heißen Sie? ____

○ Wie bitte? ____ Das habe ich nicht verstanden. ____

○ Nem… Buchstabieren Sie das bitte. ____

○ Wie lange sind Sie schon in Deutschland? ____

○ Haben Sie einen Beruf? ____

● Annika Němcová. ____

● Annika Němcová. ____

● N E M C O V A. ____

● Schon zwei Jahre. ____

● Noch nicht, ____ ich lerne gerade Deutsch. ____

Selbsteinschätzung

So schätze ich mich nach Kapitel 1 ein: Ich kann . . .	✦	◯	—
📖 … Informationen über Personen verstehen. ▶Auftakt, A1	☐	☐	☐
💬 … mich und andere Personen vorstellen. ▶Auftakt, A2	☐	☐	☐
💬 … meinen (Wunsch-)Beruf kurz beschreiben. ▶ÜB Auftakt, Ü4b	☐	☐	☐
📖 … eine Lebensgeschichte verstehen. ▶M1, A2a	☐	☐	☐
✏ … einen tabellarischen Lebenslauf ergänzen. ▶M1, A4a	☐	☐	☐
✏ … einen tabellarischen Lebenslauf schreiben. ▶M1, A4b	☐	☐	☐
✏ … eine Kurzbiografie schreiben. ▶ÜB M1, Ü5b	☐	☐	☐
📖 … einen Zeitungsartikel zu verschiedenen Berufstypen verstehen. ▶M2, A1b	☐	☐	☐
🔊 … ein Beratungsgespräch verstehen. ▶M2, A2	☐	☐	☐
💬 … über meine beruflichen Träume sprechen. ▶M2, A4	☐	☐	☐
✏ … gute Vorsätze für den nächsten Job formulieren. ▶ÜB M2, Ü4b	☐	☐	☐
✏ … Prognosen für die Zukunft erstellen. ▶ÜB M2, Ü5b	☐	◯	☐
📖 … aus Anzeigen und Weiterbildungsangeboten wichtige Informationen entnehmen. ▶M3, A2	☐	☐	☐
💬 … Berufe beschreiben und erraten. ▶M3, A4	☐	☐	☐
✏ … einen Forumsbeitrag zum Thema „schwierige Berufe" schreiben. ▶ÜB M3, Ü1	☐	☐	☐
🔊 … ein Telefongespräch mit der Industrie- und Handelskammer verstehen. ▶ÜB M3, Ü2	☐	☐	☐
💬 … telefonisch ein Anliegen nennen und um Rückruf bitten. ▶KiB, A2	☐	☐	☐

Das ist für meinen (Wunsch-)Beruf besonders wichtig:

_____

_____

_____

_____

_____

_____

_____

_____

Wortschatz

Auftakt

die Kita, -s _____

halbtags arbeiten _____

das Lager, - _____

die Ware, -n _____

Waren kontrollieren _____

das Material, -ien _____

ein Ziel erreichen _____

der Bedarf, -e _____

aufwachsen (wächst auf, wuchs auf, ist aufgewachsen) _____

der Abschluss, ⸚e _____

eine Ausbildung machen zu + D. _____

der Job, -s _____

Modul 1   **Das bin ich**

tätig als + N. _____

sich bewerben (bewirbt, bewarb, hat beworben) _____

Ziel erreichen _____

im selben Jahr _____

der Krieg, -e _____

verlassen (verlässt, verließ, hat verlassen) _____

verzweifelt _____

der Nachweis, -e _____

die Abschlussprüfung, -en _____

anspruchsvoll _____

eine Prüfung bestehen (besteht, bestand, hat bestanden) _____

eine Ausbildung abschließen (schließt ab, schloss ab, hat abgeschlossen) _____

ein Praktikum machen _____

aushilfsweise _____

die Aushilfe, -n _____

Modul 2   **Welcher Beruf passt zu mir?**

das Berufsfeld, -er _____

das Talent, -e _____

mit den Händen arbeiten _____

präzise _____

handwerklich geschickt _____

Maschinen bedienen _____

die Schichtarbeit, -en _____

sich etw. räumlich vorstellen _____

einfallsreich _____

das Design, -s _____

die Gestaltung, -en _____

konzentriert _____

strukturieren _____

der Zusammenhang, ⸚e _____

kommunizieren mit + D. _____

das Einfühlungsvermögen _____

teamfähig _____

die Empathie _____

ein großes Herz haben für + A. _____

zählen zu + D. _____

Modul 3   Was nun?

seinen Meister machen   _____

die Routine, -n   _____

schwerfallen (fällt schwer, fiel   _____
schwer, ist schwergefallen)

nach langem Überlegen   _____

der Jobwechsel, -   _____

der Neustart, -s   _____

der Quereinstieg, -e   _____

hauptsächlich   _____

zur Verfügung stellen   _____

sich richten an + A.   _____

vereinzelt   _____

auf Antrag   _____

das Konzept, -e   _____

die Dienstleistung, -en   _____

die Reinigung, -en   _____

die Anlage, -n   _____

individuell   _____

kompetent   _____

das Gehalt, ¨er   _____

der Führerschein, -e   _____

das Diensthandy, -s   _____

1   Notieren Sie weitere Wörter, die für Ihren Beruf wichtig sind.

_____

_____

_____

2   Welches Nomen passt? Ergänzen Sie.

1. seinen _____ machen

2. eine _____ abschließen

3. zur _____ stellen

4. mit den _____ arbeiten

5. eine _____ bestehen

6. ein _____ erreichen

3   Welche Wörter sind ähnlich? Notieren Sie die Wortpaare.

> das Einfühlungsvermögen die Gestaltung schwerfallen das Design die Reinigung ~~groß werden~~ kreativ
> das Einkommen einfallsreich ~~aufwachsen~~ die Säuberung die Empathie Probleme machen das Gehalt

aufwachsen – groß werden _____

_____

_____

_____

4   Sammeln Sie Wörter und Wendungen zum Thema „Das bin ich."

meine Ausbildung: ...   *Das kann ich gut: ...*

Das bin ich.

mein Beruf: ...

Ich freue mich auf Ihre Zusage

 1a **Tätigkeiten im Beruf. Ergänzen Sie passende Verben. Es gibt mehrere Möglichkeiten.**

analysieren	begrüßen	beraten	entwickeln	erklären	kontrollieren	lösen
organisieren	reparieren	planen	produzieren	pflegen	transportieren	verkaufen

1. ein Gerät / eine Maschine _reparieren, entwickeln, verkaufen, kontrollieren, transportieren_

2. Produkte/Waren _____

3. ein Problem _____

4. Kundinnen und Kunden _____

5. eine Idee / ein Konzept _____

6. eine Aufgabe _____

7. eine Besprechung _____

 b **Wie heißen die Nomen zu den Verben? Notieren Sie sie mit Artikel.**

1. beraten _____   7. entwickeln _____

2. organisieren _____   8. produzieren _____

3. transportieren _____   9. planen _____

4. reparieren _____   10. pflegen _____

5. reinigen _____   11. lösen _____

6. sich wünschen _____   12. sich verabreden _____

2a **Lesen Sie. Um was für eine Situation handelt es sich? Kreuzen Sie an.**

☐ Berufsberatung   ☐ Vorstellungsgespräch   ☐ Gespräch unter Kollegen

b **Was können Sie gut? Schreiben Sie mindestens drei Sätze und nennen Sie jeweils Beispiele.**

Besonders gut kann ich ... Das habe ich gemerkt, als ...
Es fällt mir leicht, ...
Ich habe viel Erfahrung mit ...

2

3a Wie heißen die Arbeitsmittel? Markieren Sie zwölf Wörter im Rätsel.

Q	G	K	Ü	U	S	V	C	S	Z	A	N	G	E	G	O	L	Z
D	F	U	T	X	A	G	R	S	M	L	T	F	D	T	U	E	K
T	F	I	O	P	M	B	I	C	S	R	C	N	M	Z	M	B	H
S	D	Z	P	G	F	N	T	H	E	R	M	O	M	E	T	E	R
A	T	A	F	E	L	J	U	E	V	H	K	N	A	B	F	N	H
W	A	J	R	R	I	E	G	R	I	P	E	P	U	K	P	S	P
O	S	F	O	G	S	F	H	E	T	J	A	R	S	I	O	M	E
E	T	U	H	D	B	Y	K	S	Y	A	X	P	D	H	L	I	S
G	A	B	E	L	S	T	A	P	L	E	R	S	W	P	K	T	V
L	T	N	B	K	X	V	M	M	V	R	S	W	A	F	H	T	X
L	U	I	S	T	E	R	M	I	N	K	A	L	E	N	D	E	R
T	R	P	A	S	N	E	Y	R	Y	L	E	Y	E	B	C	L	J
S	C	H	R	A	U	B	E	N	Z	I	E	H	E	R	C	Z	N

b Ordnen Sie die Nomen aus 3a mit Artikel in die Tabelle. Manchmal gibt es mehrere Möglichkeiten. Ergänzen Sie in jeder Kategorie mindestens zwei weitere Arbeitsmittel.

Handwerk	Pflege	Büro	Gastronomie	Bildung
der Schrauben-zieher				

c Mit welchen Arbeitsmitteln haben Sie bereits Erfahrung? Was haben Sie damit gemacht? Notieren Sie drei Beispiele.

Mit der Zange habe ich das Waschbecken repariert.

TIPP neue Wörter lernen
Bilden Sie Beispielsätze, um sich neue Wörter gut zu merken.

4 Berufliche Tätigkeiten und Arbeitsmittel. Sammeln Sie Wörter und schreiben Sie wie im Beispiel. Sie können auch Wörter zu Ihrem (Wunsch-)Beruf sammeln.

```
      FÄRBEN              E              E
  SCHERE                  R              L
TERMINE VEREINBAREN       Z              E
    RASIEREN              I              K
      FÖHNEN              E              T
    BERATEN              H              R
                          E              I
                          R              K
                          I              E
                          N              R
```

1 Welche Arbeitsformen werden hier beschrieben? Ergänzen Sie.

| beit | aus | ar | hilfs | job | mi | kum | ni | prak | job | ti | zeit |

1. _____ : Bei dieser Arbeitsform kann man maximal eine bestimmte Summe verdienen. Man zahlt nicht in die Arbeitslosenversicherung ein.

2. _____ : Die Tätigkeit ist meistens befristet, oft arbeitet man nicht voll und unterstützt den Arbeitgeber zum Beispiel nur in der Hauptsaison.

3. _____ : Man hat einen Arbeitsvertrag mit einer Agentur und wird für einen bestimmten Zeitraum an unterschiedliche Firmen vermittelt. Das Gehalt zahlt die Agentur.

4. _____ : Man ist für eine begrenzte Zeit in einer Firma, um erste praktische Erfahrungen in einem Beruf zu sammeln.

INFO

Zeitarbeit
Zeitarbeitsfirmen vermitteln Personal an Firmen. Man schließt einen Vertrag mit der Zeitarbeitsagentur und arbeitet dann für eine befristete Zeit in einer Firma (oder in mehreren Firmen). Das Gehalt zahlt die Zeitarbeitsfirma. Da man die Vermittlung bezahlen muss, bekommt man weniger Gehalt im Monat.

2 a Hören Sie das Gespräch. Welche unterschiedlichen Formen von Praktika gibt es?

2.5

b Hören Sie das Gespräch noch einmal. Sind die Sätze richtig oder falsch? Kreuzen Sie an.

	richtig	falsch
1. In Ausbildungen muss man immer ein Pflichtpraktikum machen.	☐	☐
2. Bei freiwilligen Praktika verdient man oft kein Geld.	☐	☐
3. Praktika dauern grundsätzlich drei Monate.	☐	☐
4. Praktikanten und Praktikantinnen dürfen Urlaub nehmen.	☐	☐
5. In der Probezeit kann man nicht kündigen.	☐	☐

3 a Praktikum im Sportverein. Lesen Sie die Stellenanzeige und markieren Sie die Adjektive mit Artikel und Nomen.

Wie wäre ein sportlicher Job für dich? ⚽ ⚽ ⚽ ⚽ ⚽ ⚽ ⚽ ⚽ ⚽ ⚽ ⚽

Unser Sportverein sucht für mindestens sechs Wochen eine engagierte Person für ein spannendes Praktikum in unserer Fußballabteilung.

Wir suchen jemanden mit Spaß an Sport und Organisation, idealerweise mit Erfahrung im pädagogischen Bereich mit Jugendlichen (Nachhilfe, Training etc.).

Gerne kannst du erst mal beim täglichen Training hospitieren und die netten Jugendlichen kennenlernen. Erfahrene Trainer:innen unterstützen dich mit Rat und Tat. Die ganze Fußballabteilung und der Verein freuen sich auf dich!

Interessiert? Dann melde dich mit einer Mail bei uns.

Sportverein Haslach, Marit Mücke, Tel.0761/12345667 oder m.muecke@sportverein-haslach.de

b **Ordnen Sie die Adjektive aus 2a mit Artikel in die Übersicht ein. Markieren Sie dann die Endungen der Adjektive.**

Typ 1: nach bestimmtem Artikel G

	der Bereich	das Training	die Fußballabteilung	die Jugendlichen (Pl.)
Nominativ	der pädagogische	das tägliche		die netten
Akkusativ	den pädagogischen	das tägliche	die ganze	
Dativ			der ganzen	den netten

Typ 2: nach unbestimmtem Artikel G

	ein Job	ein Praktikum	eine Person	Trainer und Trainerinnen (Pl.)
Nominativ	*ein sportlicher*	ein spannendes	eine engagierte	
Akkusativ	einen sportlichen			erfahrene
Dativ	einem sportlichen	einem spannenden	einer engagierten	erfahrenen

4 **Ergänzen Sie die Endungen.**

1. **Das ist / Das sind:** interessant_____ Stellenanzeigen, ein spannend_____ Fraktikum, gut_____ Karriere-chancen, eine anstrengend_____ Tätigkeit, ein befristet_____ Aushilfsjob

2. **Sie suchen:** eine neu_____ Mitarbeiterin, freundlich_____ Angestellte, einen ausgebildet_____ Pädagogen, das passend_____ Angebot

3. **Die Stelle ist in:** einer groß_____ Firma, einem innovativ_____ Unternehmen, unserem modern_____ Büro, verschieden_____ Filialen

5a **Komparativ und Superlativ. Ergänzen Sie die Formen in der Tabelle.**

Grundform	Komparativ	Superlativ
groß	*größer*	*am größten*
kurz		
	häufiger	
		am längsten
	netter	
		am teuersten
hoch		
	lieber	
gut		
	mehr	

b Welche Form passt? Markieren Sie.

Lukas sucht eine neue Stelle. Er wünscht sich …

(1) einen kürzeren / kürzerer Weg zur Arbeit,

(2) freundlichere / freundlicheren Kollegen und Kolleginnen,

(3) eine interessanteren / interessantere Arbeit,

(4) ein größeres / größere Firmenauto und

(5) besseren / bessere Arbeitsbedingungen.

Lana ist unzufrieden mit ihrer Arbeitsstelle. Sie träumt von …

(6) einem Büro im höchsten / höchste Gebäude,

(7) den sympathischsten / sympathischste Vorgesetzten,

(8) dem spannendste / spannendsten Projekt und

(9) den besten / beste Karrierechancen.

TIPP
Komparativ und Superlativ brauchen auch Endungen, wenn sie vor Nomen stehen: *ein **größeres** Büro, die **größten** Büros.*
Die Komparative *mehr* und *weniger* bleiben ohne Endungen:
*Ich hätte gern **mehr** Gehalt. / Jetzt habe ich **weniger** Freizeit.*

6 Ergänzen Sie die Adjektive. Achten Sie auf die Endungen.

○ Hallo Sabina! Hast du dich eigentlich auf die Stelle beworben?

● Nein, noch nicht. Die Firma nutzt das (1) _____ (schlechtest) Jobportal,

das ich kenne. Ich verstehe nicht, wie das funktionieren soll.

Sie haben wirklich eine (2) _____

(kompliziert) Webseite. Man findet nichts.

○ Oh nein.

● Ja, und dann wollen sie (3) _____ (genau)

Angaben zu den Bewerbern und Bewerberinnen haben.

Über das Job-Angebot findet man aber nur

(4) _____ (wenig) Informationen.

○ Hm. Aber du hast dich angemeldet?

● Nein, sie wollen das (5) _____ (längst)

Passwort, das du dir vorstellen kannst.

Ich bin wirklich sehr genervt und möchte nicht noch (6) _____ (mehr) Zeit damit

verbringen.

○ Vielleicht solltest du dich dann lieber doch nicht bewerben …

● Ach, ich weiß nicht. Andere Firmen haben wahrscheinlich noch (7) _____

(schlimmer) Portale.

7 **Adjektive als Nomen. Ergänzen Sie die Endungen.**

1. Die Anzahl der arbeitslos_____ Menschen sinkt.

   Die Anzahl der Arbeitslos_____ sinkt.

2. Viele berufstätig_____ Frauen und Männer pendeln zur Arbeit.

   Viele Berufstätig_____ pendeln zur Arbeit.

3. Schwanger_____ Mitarbeiterinnen haben bei der Arbeit bestimmte zusätzliche Rechte, zum Beispiel

   mehr Kündigungsschutz.

   Schwangere_____ haben bei der Arbeit bestimmte zusätzliche Rechte, zum Beispiel mehr

   Kündigungsschutz.

4. Für erwachsen_____ Besucher/innen gelten andere Preise als für jugendlich_____ Besucher.

   Für Erwachsen_____ gelten andere Preise als für Jugendlich_____.

5. In diesem Unternehmen gibt es 85 beschäftigt_____ Personen.

   In diesem Unternehmen gibt es 85 Beschäftigt_____.

TIPP Adjektive können zu Nomen werden. Trotzdem werden sie wie Adjektive dekliniert:
*Der Arzt hilft **k**ranken Menschen.*
*Der Arzt hilft **K**ranken.*

8 **Einen Aushang schreiben. Ordnen Sie die Sätze zu.**

EINEN AUSHANG SCHREIBEN

Ich biete meinen Service im Bereich … an.

Ich verlange … € je Stunde.

Ich gebe Unterricht/Nachhilfe in …

Ich verfüge über viel Erfahrung in …

Ich transportiere/repariere/betreue …

Ich berate Sie gerne bei …

Gerne können wir vorher … besprechen.

Ich habe eine Ausbildung / einen Abschluss als …

Haben Sie Fragen? Melden Sie sich unter …

Preis je nach Vereinbarung.

Suchen Sie Hilfe/Unterstützung bei …?

Meine Kontaktdaten: …

Ich bin zuverlässig/freundlich/qualifiziert/ geschickt/geduldig/…

Das biete ich an:	
Meine Qualifikationen:	
Preis:	
Weitere Informationen / Kontakt:	

Wann wären Sie verfügbar?

 1a Im Vorstellungsgespräch. Welche der Antworten passt nicht? Kreuzen Sie an.

1. Schön, dass wir uns persönlich kennenlernen.
   - [a] Sehr angenehm.
   - [b] Ja, das freut mich auch.
   - [c] Die Freude ist ganz meinerseits.

2. Haben Sie bereits Erfahrung in diesem Bereich?
   - [a] Nein, noch gar nicht, aber ich lerne schnell.
   - [b] Ein bisschen. Das ist bestimmt lustig.
   - [c] Leider noch nicht so viel. Aber ich bin gerne bereit, mich einzuarbeiten.

3. Wären Sie auch nachmittags verfügbar?
   - [a] Wenn es sein muss.
   - [b] Ja, ich bin flexibel.
   - [c] Ja, ich denke schon. Ich kann es bestimmt möglich machen.

4. Hätten Sie nächsten Montag Zeit für einen Probetag?
   - [a] Da habe ich leider einen Termin. Wäre auch Dienstag möglich?
   - [b] Dienstag würde mir besser passen.
   - [c] Nur, wenn die Bezahlung stimmt.

5. Vielen Dank für das nette Gespräch.
   - [a] Hat mich auch gefreut.
   - [b] Alles klar.
   - [c] Sehr gern.

> **TIPP** Achten Sie in Bewerbungsgesprächen auf den richtigen Ton. Seien Sie freundlich und wählen Sie stets höfliche Formulierungen. Am besten Sie legen sich dazu eine Liste mit passenden Floskeln an, die Sie vorbereitend lernen können.

6. Wir melden uns bei Ihnen.
   - [a] Können Sie schon sagen, wann ungefähr?
   - [b] Wann denn?
   - [c] Gern. Ich bin gespannt.

 b Was passt? Ordnen Sie zu.

1. Ich interessiere ____   A sich nicht vorbereiten.

2. Ich möchte ____   B Ihnen den Arbeitsvertrag zur Ansicht zu.

3. Endlich können wir ____   C uns auf Sie!

4. Schön, dass Sie ____   D mich um den Job als Kellnerin bewerben.

5. Ich möchte mich ____   E mich für das Praktikum als Werkstudent.

6. Auf den Probetag müssen Sie ____   F uns persönlich kennenlernen.

7. Gerne schicke ich ____   G über den Dienstplan informieren.

8. Wir freuen ____   H sich persönlich vorstellen.

 2 Reflexivpronomen. Ergänzen Sie die Tabelle.

	ich	du	er/es/sie	wir	ihr	sie/Sie
Akkusativ						
Dativ		*dir*				

70

3 **Akkusativ oder Dativ? Kreuzen Sie an.**

1. Als ich die Stellenanzeige im Internet gelesen habe, habe ich ☐ mich ☐ mir gefreut: Endlich, mein Traumjob!
2. Ich habe ein Anschreiben verfasst und ☐ mich ☐ mir sofort beworben.
3. Beim Vorstellungsgespräch habe ich ☐ mich ☐ mir gewünscht, dass sie mich einstellen. Und es hat geklappt!
4. In der ersten Arbeitswoche war ich sehr zufrieden und konnte ☐ mich ☐ mir nicht vorstellen, dass sich das ändert.
5. Doch dann kamen viele Probleme und ich habe ☐ mich ☐ mir sehr über die Arbeit geärgert.
6. Nach drei Monaten habe ich ☐ mich ☐ mir entschlossen, die Stelle zu kündigen. Inzwischen arbeite ich in einer anderen Firma und bin froh darüber.
7. Ich fahre zwar jeden Tag eine Stunde mit der U-Bahn, aber daran habe ich ☐ mich ☐ mir gewöhnt.

 4 **Schreiben Sie Sätze im Imperativ.**

Zieh dir doch einen Pulli an!

1. Mir ist kalt. (sich einen Pulli anziehen)
2. Meine Hände sind schmutzig. (sich die Hände waschen)
3. Es ist so heiß hier. (sich die Jacke ausziehen)
4. Ich kann mir nichts merken! (sich ein Notizbuch kaufen)
5. Ich habe keine Nägel mehr. (sich Nägel aus dem Lager holen)

1. Dann zieh dir doch einen Pulli an!

 5 **Ergänzen Sie die Reflexivpronomen.**

⊗

Hallo Holger,

ich muss dir jetzt einfach schreiben, weil ich (1) _____ seit Tagen frage, was ich machen soll.

Tom und ich sind ja seit vier Jahren zusammen und du weißt, wir lieben (2) _____ wirklich

sehr. Jetzt habe ich überraschend ein ganz tolles Jobangebot bekommen. Allerdings müsste ich

dafür in eine andere Stadt gehen. So eine Chance habe ich (3) _____ schon immer gewünscht,

aber Tom möchte nicht mitkommen. Er hat vor einem halben Jahr hier eine spannende Arbeit

gefunden und er kann (4) _____ nicht vorstellen wegzuziehen. Soll ich für zwei Jahre eine

Fernbeziehung führen? Ich habe (5) _____ so über dieses Angebot gefreut … In der Zeit

würden wir (6) _____ aber nur alle paar Wochen sehen.

Was meinst du? Wie würdest du (7) _____ entscheiden?

Bis bald
Mareike

Das Firmenwiki

 1 Was findet man unter diesen Begriffen im Firmenwiki? Ordnen Sie zu.

> Aktuelles   Beschäftigte   Geschäftsführung   Niederlassungen
> Benefits   Speiseplan   Weiterbildung   Zeiterfassung

1. _Aktuelles_____: Hier findet man die neuesten Informationen über die Firma, Produkte, Pläne etc.

2. _____: Sehr praktisch! Da steht, was es in der Kantine zu essen gibt.

3. _____: Hier kann man lesen, an welchen Orten sich das Unternehmen noch befindet.

4. _____: Alle, die zur Leitung des Unternehmens gehören, sind hier aufgelistet.

5. _____: Da findet man zum Beispiel die Anzahl der Mitarbeitenden einer Firma.

6. _____: Hier kan man zum Beispiel Angebote zu Sprach- oder Computerkursen nachschlagen.

7. _____: Hier kann man sich über die Arbeitszeitenregelung informieren: Arbeitsbeginn, Arbeitsende, Überstunden …

8. _____: Alle zusätzlichen Leistungen des Unternehmens für die Mitarbeitenden sind hier aufgeführt, z. B. Fahrtkosten-Zuschuss, kostenloser Kaffee, betriebliche Altersvorsorge …

 2 _deshalb_ oder _trotzdem_? Ergänzen Sie die Konnektoren.

1. Frau Schlemmer ist neu in der Firma, _deshalb_____ hat sie viele Fragen.

2. Der Kollege hat viel zu tun. _____ zeigt er Frau Schlemmer die wichtigsten Informationen im Firmenwiki.

3. Frau Schlemmer hat viel Berufserfahrung. _____ sind die Arbeitsabläufe neu für sie.

4. Sie hat Fragen zum Schichtplan, _____ ruft sie in der Personalabteilung an.

5. Gerade ist Mittagspause, _____ erreicht sie niemanden.

 3 Was passt? Markieren Sie das Verb im Nebensatz und kreuzen Sie dann den passenden Konnektor an.

1. Herr Lange verabredet einen Termin bei einem Fotografen, ☐ weil ☐ denn er braucht Porträtfotos für die Firmen-Webseite.

2. Bei seinem ersten Kundengespräch trägt Herr Prinzig einen dunklen Anzug, ☐ sodass ☐ deshalb er einen guten Eindruck macht.

3. Frau Simao war bei der Produktpräsentation für ihre neue Firma etwas aufgeregt, ☐ obwohl ☐ trotzdem lief alles gut.

4. Herr Wang hat bereits ein Praktikum bei einer ähnlichen Firma gemacht, ☐ sodass ☐ deshalb kennt er sich sehr schnell mit seinen neuen Aufgaben aus.

5. Frau Neumeier ist sehr zufrieden mit ihrer neuen Stelle, ☐ obwohl ☐ trotzdem die erste Arbeitswoche ziemlich anstrengend war.

4 Ergänzen Sie die Sätze.

> habe ich keine Einladung zu einem Vorstellungsgespräch bekommen   ich mehr Geld verdienen will
>
> habe ich Erfahrung in diesem Bereich   bin ich total zufrieden   ich viel lernen muss
>
> es werden viele Arbeitskräfte in meiner Branche gesucht

1. Ich suche eine neue Stelle, weil _____.

2. Ich habe schon ein Praktikum gemacht, deshalb _____

_____.

3. Obwohl ich 20 Bewerbungen geschrieben habe, _____

_____.

4. Ich bin optimistisch, denn _____.

5. Die Ausbildung ist sehr schwierig, sodass _____.

6. Die neue Stelle ist anstrengend, trotzdem _____.

5 a Lesen Sie die Gehaltsabrechnung von Herrn Kouadri. Wie viel Geld bekommt er auf sein Bankkonto?
Markieren Sie.

Abrechnung der Brutto/Netto-Bezüge

Mitarbeiter/in: **Ismael Kouadri**   Mitarbeiternummer: **456.767**   Monat: **März 20XX**

Geburtsdatum	Steuerklasse	Kinderfreibetrag	Konfession	Sozialversicherungs-nummer
03.06.1985	**1**	**0**	**–**	**58235678S567**
Krankenkasse	Eintrittsdatum	Steuer-ID	Arbeitsstunden pro Woche	Zulagen
AOK	**01.03.20XX**	**2345678909678**	**40**	**Wochenendzulage**

				Brutto-Bezüge:	**2.117,80**
				Zulagen:	**380**
				Gesamt-Brutto:	**2.497,80**
Lohnsteuer					
263,83				Abzüge Steuer:	**263,83**
Krankenkasse	Renten-versicherung	Arbeitslosen-versicherung	Pflege-versicherung		
202,26	**232,22**	**29,96**	**46,82**	Abzüge Sozial-versicherung:	**511,26**
				Nettoverdienst:	**1.722,71**

Bankverbindung bekannt   Auszahlungsbetrag: **1.722,71**

b Lesen Sie die Gehaltsabrechnung noch einmal. Welche Sätze sind richtig? Kreuzen Sie an.

☐ 1. Herr Kouadri arbeitet 40 Stunden pro Woche.
☐ 2. Vor Abzug von Steuern und Sozialabgaben verdient er 1.722,71 €.
☐ 3. Er bekommt einen Zuschuss für seine Monatskarte.
☐ 4. Mit dem Gehalt zahlt er in die Rente ein.
☐ 5. Herr Kouadri erhält einen Freibetrag für seine beiden Töchter.
☐ 6. Er ist bei der AOK krankenversichert.
☐ 7. Er bekommt das Bruttogehalt auf sein Konto überwiesen.
☐ 8. Er erhält 380 € zusätzlich, weil er am Wochenende gearbeitet hat.

Aussprache: lange und kurze Vokale

2.6

1 a Lesen Sie die Wortpaare leise. Hören Sie dann und markieren Sie: kurz (a̧) oder lang (a̱).

1. Mi̱ete – Mi̧tte
2. Bett – Beet
3. fühlen – füllen
4. Ofen – offen

5. Stadt – Staat
6. Teller – Täler
7. Höhle – Hölle

2.7

b Hören Sie und sprechen Sie nach: zuerst das Wort, dann den Vokal und dann noch einmal das Wort.

c Rechtschreibung hilft bei der Aussprache. Wann werden die Vokale lang gesprochen? Kreuzen Sie an.

Ein Vokal wird lang gesprochen, wenn …

☐ 1. ein *h* folgt, z. B.: *fahren, (er) geht*

☐ 2. ein *ng* oder *ck* folgt, z. B.: *bringen, Trick*

☐ 3. ein doppelter Konsonant folgt, z. B.: *Programm, Stelle*

☐ 4. der Vokal doppelt ist, z. B.: *Paar, Idee*

☐ 5. bei *ie* oder *ieh*, z. B.: *liegen, (sie) sieht*

2.8

d Hören Sie die Wörter. Welche Vokale sind lang, welche kurz? Notieren Sie.

lange Vokale	kurze Vokale
Pflege	*Stelle*

So schätze ich mich nach Kapitel 2 ein: Ich kann . . .	+	○	—
💬 … über berufliche Vorlieben sprechen. ▶Auftakt, A1b	☐	☐	☐
💬 … eine Person zu einem interessanten Beruf befragen. ▶Auftakt, A2	☐	☐	☐
✏ … meine Stärken beschreiben. ▶ÜB, Auftakt, Ü2b	☐	☐	☐
📖 … Stellenanzeigen verstehen und Informationen entnehmen. ▶M1, A2a–b, ÜB M1, Ü3a	☐	☐	☐
🔊 … ein Interview zum Thema „Praktikum" verstehen. ▶ÜB M1, Ü3a	☐	☐	☐
✏ … ein Online-Bewerbungsformular ausfüllen. ▶M1, A3b	☐	☐	☐
✏ … ein kurzes Stellengesuch verfassen. ▶M1, A5, ÜB M1, Ü8	☐	☐	☐
🔊 … ein Vorstellungsgespräch verstehen. ▶M2, A1b–d	☐	☐	☐
💬 … Vorstellungsgespräche führen. ▶M2, A2b	☐	☐	☐
✏ … eine kurze Geschichte schreiben. ▶M2, A4	☐	☐	☐
📖 … einem Firmenwiki Informationen entnehmen. ▶M3, A1	☐	☐	☐
🔊 … ein Telefongespräch mit der Personalabteilung verstehen. ▶M3, A2a, A4b	☐	☐	☐
📖 … einem Formular zur Arbeitszeiterfassung Informationen entnehmen. ▶M3, A4a	☐	☐	☐
📖 … eine Gehaltsabrechnung analysieren. ▶ÜB M3, Ü5	☐	☐	☐
💬 … mich über Regularien am Arbeitsplatz wie Zeiterfassung, Pausenregeln usw. austauschen. ▶M3, A4c	☐	☐	☐
💬 … Grafiken analysieren. ▶KiB, A1, A2a	☐	☐	☐
✏ … Grafiken beschreiben. ▶KiB, A2b	☐	☐	☐

Das ist für meinen (Wunsch-)Beruf besonders wichtig:

_____
_____
_____
_____
_____
_____
_____
_____
_____

Wortschatz

Auftakt

sich interessieren für + A.	_____	die Langeweile	_____
pflegen	_____	das Großraumbüro, -s	_____
entwickeln	_____	die Karrierechance, -n	_____
transportieren	_____	die Ausstattung, -en	_____
die Hektik	_____	der/die Vorgesetzte, -n	_____
die Dienstreise, -n	_____	der berufliche Werde-gang, ⸚e	_____
die Anfahrt, -en	_____		

Modul 1   Neues ausprobieren

der Minijob, -s	_____	die Einarbeitung, -en	_____
das Praktikum, Praktika	_____	Das ist mein Ding.	_____
reinschnuppern in + A.	_____	motiviert	_____
der Aushilfsjob, -s	_____	erfolgreich	_____
die Zeitarbeit	_____	zuverlässig	_____
befristet	_____	gepflegt	_____
frühestmöglich	_____	innovativ	_____
der Antrittstermin, -e	_____	die Herausforderung, -en	_____
die Voraussetzung, -en	_____	die Umgebung, -en	_____
der Schulabschluss, ⸚e	_____	die Spedition, -en	_____
praxisorientiert	_____	profitieren von + D.	_____
die Schicht, -en	_____		

Modul 2   Wann wären Sie verfügbar?

verfügbar	_____	der Handwerksbetrieb, -e	_____
die Verfügbarkeit	_____	sich auskennen mit + D. (kennt sich aus, kannte sich aus, hat sich ausge-kannt)	_____
zur Probe arbeiten	_____		
der Probetag, -e	_____		
der/die Praktikant/in, -en/-nen	_____	Verstärkung suchen	_____
		sich bemühen um + A.	_____

Modul 3 Das Firmenwiki

die Sonnenenergie _____ die Niederlassung, -en _____

nachhaltig _____ die Wochenendzulage, -n _____

die interne Fortbildung, -en _____ die Arbeitszeiterfassung, -en _____

die Abteilung, -en _____ die Überstunde, -n _____

die Personalabteilung, -en _____ die Minusstunde, -n _____

die Buchhaltung, -en _____ die Gleitzeit _____

1 **Notieren Sie weitere Wörter, die für Ihren Beruf wichtig sind.**

_____

_____

_____

2 **Stellenanzeigen. Notieren Sie typische Adjektive und Formulierungen.**

Verstärkung suchen, _____

_____

_____

3 **Suchen Sie die Komposita in der Liste. Ergänzen Sie auch die Artikel.**

1. _____ _____haltung 6. _____ Minus_____

2. _____ Schul_____ 7. _____ _____betrieb

3. _____ _____chance 8. _____ Personal_____

4. _____ Antritts_____ 9. _____ _____zulage

5. _____ _____energie 10. _____ _____erfassung

4 **Sammeln Sie Wörter zum Thema „im Unternehmen".**

die Abteilung

im Unternehmen

Schreibtraining

1 Welche Vorteile hat ein Bewerbungsportal? Sammeln Sie.

Die Daten sind alle schon digital.   *Genau, dann haben die Firmen alle Informationen an einem Ort.*

🔑 **2a** Lesen Sie noch einmal den Text zu Karim Sedat auf Seite 12 und die Stellenanzeige B. Welche Punkte in der Anzeige passen zu Karim? Markieren Sie.

🔑 **b** Zu welchen Punkten in der Stellenanzeige fehlen Ihnen Informationen von Karim? Lesen Sie seine Nachrichten an Michael Blank und markieren Sie die passenden Informationen.

> Hi Michi, ich werde mich jetzt übrigens auf die Stelle bewerben, von der du erzählt hast. Danke auch, dass du mich deinem Chef empfohlen hast. Die Stelle passt wirklich gut zu mir!

🤗 Super!

> Ich finde ja toll, dass man in dem Job nicht mehr im Schichtdienst arbeiten muss, dafür bin ich echt zu alt.

Die Anforderungen erfüllst du doch alle, oder?

> Na ja, Erfahrung in der Kundenkommunikation fehlt mir noch ein bisschen, aber ich komme ja eigentlich mit allen Menschen klar 😊 Und natürlich habe ich einen Führerschein und PC-Kenntnisse! Vielleicht kann ich schon im Juli anfangen. Auf der Webseite ist ein Bewerbungsportal, da melde ich mich mal an. Siehst du dir meine Bewerbung an, bevor ich sie abschicke?

Na klar.

🔑 **3a** Füllen Sie das Formular im Bewerbungsportal für Karim Sedat aus.

TIPP Formulare auf Bewerbungsportalen sind oft für alle ausgeschriebenen Stellen gleich. Das heißt, manche Fragen sind für die Stelle, auf die Sie sich bewerben, nicht wichtig. Geben Sie trotzdem so viele Informationen wie möglich an.

Name, Vorname:	
Qualifikation, Ausbildung:	
Berufserfahrung:	
Bereitschaft zu Schichtdienst:	○ ja ○ nein
frühestmöglicher Antrittstermin:	
Führerschein Klasse B:	○ ja ○ nein
Ihre Gehaltsvorstellung:	*40.000 €*
Bitte bewerten Sie Ihre Deutschkenntnisse:	
○ Muttersprache	○ gute Kenntnisse (in Wort und Schrift)
○ verhandlungssicher	○ Grundkenntnisse
Haben Sie eine gültige Arbeitserlaubnis für Deutschland?	○ ja ○ nein
Wurden Sie von einem Mitarbeitenden der Müller Cleaning GmbH empfohlen?	○ ja, von ____ ○ nein
○ Ich akzeptiere die elektronische Speicherung meiner Daten. Die Daten werden nach 12 Monaten automatisch gelöscht.	

b Vergleichen Sie die ausgefüllten Formulare zu zweit. Wo gibt es Unterschiede? Warum?

4 Ein Bewerbungsschreiben. Ordnen Sie die Formulierungen den Fragen zu.

> A In meinem jetzigen Beruf habe ich …　　B Mit … kenne ich mich sehr gut aus.
>
> 　　C Seit … arbeite ich im Bereich …　　D An der Stelle gefällt mir besonders, dass …
>
> E Besonders viel Erfahrung habe ich mit … / in …　　F Natürlich bringe ich … mit.
>
> 　　G Ich freue mich auf …　　H Ich möchte mich beruflich verändern, da …

WARUM WILL ICH EINE NEUE STELLE?	WAS KANN ICH, DAS WICHTIG FÜR DIE STELLE IST?

WAS HABE ICH BISHER GEMACHT?	WAS ERWARTE ICH VON DER STELLE?
	G

5 a Lesen Sie Karims Bewerbungsschreiben und ordnen Sie Michaels Kommentare zu.

> Sehr geehrte Damen und Herren,
>
> die Stelle als Objektleiter interessiert mich sehr, weil ich eine neue Herausforderung suche.　**A**
>
> Ich möchte mich beruflich verändern, da ich zu alt für die Arbeit als Fensterputzer bin.　**B**
>
> In meinem jetzigen Beruf als Fensterputzer arbeite ich schon lange.　**C**
>
> Dank meines Meisters in Gebäudereinigung habe ich viel Erfahrung in der Ausbildung, Führung und Einarbeitung von Personal.　**D**
>
> Ich habe auch viel Erfahrung in der Personalplanung, weil ich oft für den Einsatzplan zuständig bin.　**E**
>
> Leider habe ich keine Erfahrung in Kundenkommunikation.　**F**
>
> Natürlich bringe ich auch Offenheit und Motivation mit. Ich übernehme sehr gerne neue Aufgaben.　**G**
>
> An der Stelle bei Ihnen gefällt mir besonders, dass ich meine Erfahrung aus der Praxis einbringen kann.　**H**
>
> Mit freundlichen Grüßen
> Karim Sedat

_____ 1. Vielleicht kannst du noch schreiben, dass dir das auch viel Spaß macht?

_____ 2. Verbinde die beiden Sätze mit „und". Das klingt flüssiger.

_____ 3. Das ist sehr negativ. Kannst du das auch positiv formulieren? Sonst lass es lieber weg!

_____ 4. Das finde ich gut. Aber ich würde das noch deutlicher sagen, z. B.: „Sie suchen … und ich suche eine Herausforderung." Und dann, dass du dich um die Stelle bewirbst.

_____ 5. Nein, schreib das nicht! Du bist doch ein sehr kommunikativer Mensch! Das musst du deutlich machen, und auch, dass das gut für die Arbeit mit Kunden ist!

_____ 6. Das Ende ist gut. Aber danach fehlt noch ein Satz wie „Ich freue mich, Sie bei einem Gespräch persönlich kennenzulernen."

_____ 7. Schreib genau, wie lange und auch, dass du „erfolgreich" warst oder so, dazu.

_____ 8. Die Formulierung steht im Satz vorher auch schon. Schreib besser „Ich kenne mich auch mit … aus, weil …"

b Schreiben Sie die Bewerbung für Karim neu. Beachten Sie die Punkte, die Michael korrigiert hat, und die Checkliste.

> **Checkliste: Bewerbungsschreiben**
>
> ☐ Inhalt: motivierte Begründung für Bewerbung
>
> ☐ Adressat/in: Personalabteilung oder Führungskräfte
>
> ☐ Stil: freundlich, ansprechend
>
> ☐ Register: formell
>
> ☐ Grammatik: Sätze mit Konnektoren (*weil, da, dass, und, daher …*), Satzstellung variieren (nicht immer mit *ich* beginnen)

Das ist erledigt

1a **Ordnen Sie die Nomen und Ausdrücke zu.**

| die Qualität sichern | Anlagen warten | die Halle | Teile montieren | der Praktikant / die Praktikantin |

~~die Qualität sichern~~   ~~Anlagen warten~~   die Halle   Teile montieren   der Praktikant / die Praktikantin
Produkte herstellen   das Labor   der/die Arbeitnehmende   Waren verkaufen   das Lager
Waren liefern   die Fachkraft   die Aushilfe   die Abteilung   der/die Vorgesetzte   der/die Angestellte
das Fließband   die Werkstatt   Dinge reparieren   Lebensmittel lagern   der Supermarkt

Aufgaben	Arbeitsorte	Personen
die Qualität sichern Anlagen warten		

b **Notieren Sie die Ausdrücke mit Verben aus der Spalte *Aufgaben* in 1a und ergänzen Sie die Nomenformen.**

die Qualität sichern – die Qualitätssicherung
Anlagen warten – die Wartung von ...

c **Welche Verben haben eine ähnliche Bedeutung? Ordnen Sie zu.**

1. prüfen _____
2. herstellen _____
3. sortieren _____
4. zusammenbauen _____
5. bringen _____
6. zusichern _____

A montieren
B liefern
C garantieren
D fertigen
E kontrollieren
F ordnen

2 **Tätigkeiten im Arbeitsalltag. Ergänzen Sie die Verben.**

1. Maschinen und Anlagen korrekt _____ (gram – ren – pro – mie)
2. die Qualität der Produkte _____ (trol – kon – ren – lie)
3. bestehende Vorschriften und Regeln _____ (hal – ein – ten)
4. Waren _____ (zie – du – pro – ren)
5. den Jahresurlaub _____ (an – be – gen – tra)
6. an Workshops und Weiterbildungen _____ (neh – teil – men)
7. Mails lesen und _____ (ant – be – ten – wor)
8. im Krankheitsfall eine Bescheinigung _____ (le – vor – gen)
9. Arbeitsaufträge pünktlich _____ (le – gen – di – er)
10. zum Feierabend den Arbeitsplatz und die Geräte gründlich _____ (ni – gen – rei)

3 Welche Wörter bedeuten das Gegenteil? Notieren Sie die Paare. Schreiben Sie die Nomen mit Artikel.

~~Einstellung~~ Gewinn waschen Arbeitgeber
Aufgaben übernehmen lagern Arbeitszeit

Verlust Aufgaben übergeben Arbeitnehmende
Freizeit ~~Kündigung~~ verunreinigen verbrauchen

die Einstellung – die Kündigung

 4 Lesen und ergänzen Sie Schlagzeilen aus der Wirtschaft.

Backwaren Urlaub Produktion Filialen Arbe tskräfte Labor
Gewinne Fließbandarbeit Medikament Schichtarbeit Branchen

+ + + Roboter in der
_ _ _ _ _ _ _ _ _ _: flexibel, schnell und effektiv + + +

+ + Wenn der Job krank macht: gesundheitliche Beschwerden durch
_ _ _ _ _ _ _ _ _ _ _ _ + +

+ + Pharmazie: Tübinger Forschungsteam entwickelt neues _ _ _ _ _ _ _ _ _!
_ _ _ _ _ _ erhält Wissenschaftspreis + +

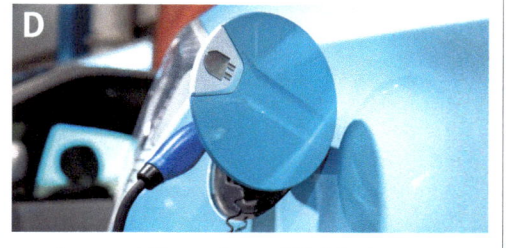

+ + Automobilbranche auf Erfolgskurs – Autobauer machen mit E-Autos im ersten Quartal wieder hohe _ _ _ _ _ _ _ _ + +

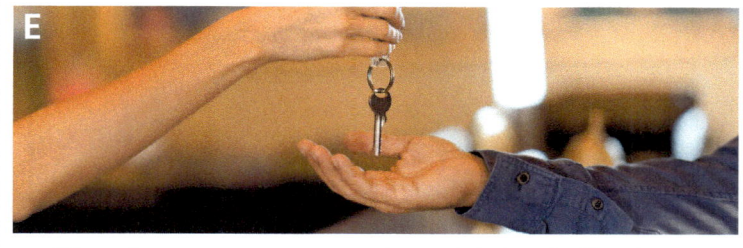

+ + Wo andere _ _ _ _ _ _ machen – Arbeiten im Tourismus + + Ein Interview mit Marian Hartwig über schwierige Gäste, _ _ _ _ _ _ _ _ _ _ _ _ und berufliche Chancen in der Branche.

+ + Fachkräftemangel in vielen deutschen
_ _ _ _ _ _ _ _. Personalabteilungen suchen dringend qualifizierte _ _ _ _ _ _ _ _ _ _ _ _ _ + +

+ + _ _ _ _ _ _ _ _ _ _ aus Handarbeit haben Erfolg: Traditionsbäckerei eröffnet im nächsten Jahr drei neue _ _ _ _ _ _ _ _ in der Region. + +

Wir machen das so, damit ...

 1a Beschriften Sie die Backwaren. Schreiben Sie die Wörter mit Artikel. Das Wörterbuch hilft.

Unsere Teige stellen wir selbst her

die Torte

b Arbeiten Sie zu zweit. Welche Backwaren kennen Sie noch? Sammeln Sie weitere Wörter.

TIPP

Wörter im Kontext lernen
Lernen Sie Wörter in thematischen Gruppen.
Suchen Sie dazu Bilder und beschriften Sie sie.

 2a Abläufe in einer Großbäckerei. Welches Verb passt? Kreuzen Sie an.

1. Zuerst müssen sich alle Arbeitskleidung ☐ anziehen ☐ tragen ☐ besorgen.
2. Dann muss man sich die Hände sorgfältig ☐ abspülen ☐ abtrocknen ☐ waschen.
3. In der Backstube werden die Brotteige ☐ abgemessen ☐ vorbereitet ☐ belegt.
4. Dann ☐ backen ☐ kneten ☐ ruhen die Mitarbeitenden die Kuchen.
5. Danach werden die Kleingebäcke ☐ gelagert ☐ gemischt ☐ hergestellt.
6. Nach 5:30 Uhr werden die Backwaren an vier Filialen ☐ geladen ☐ verschickt ☐ geliefert.
7. Zum Schluss werden die Geräte und Maschinen gründlich ☐ gewartet ☐ gereinigt ☐ gewaschen.

b Kaffeemaschinen richtig reinigen. Sehen Sie die Bilder an und ordnen Sie die Arbeitsschritte zu.

1. das Reinigungsmittel einfüllen
2. das Reinigungsprogramm starten
3. die Maschine einmal nur mit Wasser durchlaufen lassen
4. den Wassertank mit frischem Wasser füllen
5. einen passenden Behälter bereitstellen
6. alle Behälter noch einmal gründlich spülen

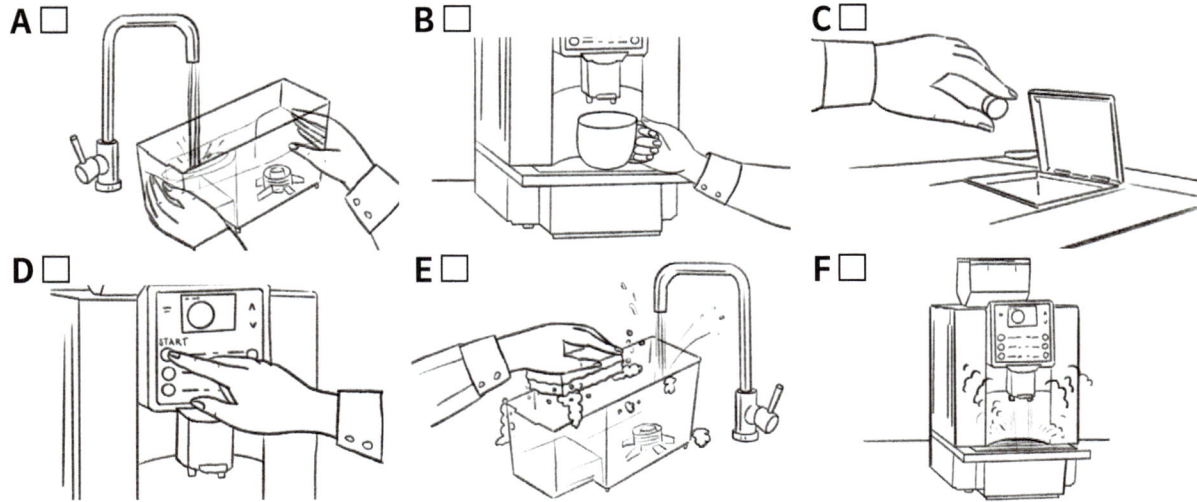

A ☐ B ☐ C ☐

D ☐ E ☐ F ☐

c Beschreiben Sie den Ablauf.

Zuerst füllt man ...

3 a **Was muss man beim Brotbacken beachten? Schreiben Sie Sätze mit *um ...zu*.**

| ruhen   die Arbeitsfläche vorbereiten   die Zutaten nicht verunreinigen   prüfen   nichts falsch machen |

1. Man sollte sich genug Zeit nehmen, _____.

2. Man muss sich vorher die Hände waschen, _____.

3. Die Angaben im Rezept sollte man genau lesen, _____.

4. Der Teig braucht Zeit, _____.

5. Man sollte das Brot während der Backzeit ab und zu herausnehmen, _____, ob es fertig ist.

 b **Kuchen backen. Formulieren Sie Sätze mit *damit* wie im Beispiel.**

1. diese Backtipps beachten – der Kuchen perfekt gelingen
2. die Eier trennen – der Teig locker werden
3. das Mehl sieben – keine Stücke im Teig sein
4. den Ofen nicht vorheizen – die Heizkosten sinken
5. den fertigen Kuchen im Ofen ruhen lassen – er langsam abkühlen

1. Man sollte diese Backtipps beachten, damit der Kuchen perfekt gelingt.

 4 a **Lesen Sie die Sätze und markieren Sie die Subjekte.**

1. Alexandro Jacobi will eine Ausbildung im Handwerk machen. Er hat gute Jobchancen.
2. Alexandro Jacobi macht ein Praktikum in der Großbäckerei. Er möchte die Abläufe kennenlernen.
3. Bäcker und Bäckerinnen arbeiten nachts. Die Backwaren sind vor 7:00 Uhr fertig.
4. In der Lebensmittelbranche gibt es viele Hygienevorschriften. Krankheiten verbreiten sich nicht.
5. Mitarbeitende in der Produktion arbeiten in Schichten. Der Produktionsprozess wird nicht unterbrochen.
6. Bei der Arbeit in der Produktion trägt man Arbeitskleidung. Man schützt sich vor Verletzungen.

b **Formulieren Sie aus den Sätzen in 4a Finalsätze mit *damit* und *um ... zu*. Nutzen Sie *um ... zu*, wenn die Subjekte im Hauptsatz und Nebensatz gleich sind.**

5 **Ergänzen Sie frei. Verwenden Sie *damit* oder *um ... zu*.**

1. Ich mache diesen Deutschkurs,

_____.

2. Ich möchte ein Praktikum in meinem Wunschberuf machen,

_____.

3. Ich möchte als _____ arbeiten,

_____.

6 **Schwierige Wörter. Ordnen Sie die Erklärungen zu.**

1. Das Haltbarkeitsdatum ____   A … bestätigt, was und wie viel geschickt wurde.

2. Das Bestellsystem ____   B … stellt sicher, dass die Ware den Anforderungen entspricht.

3. Der Lieferschein ____   C … gibt vor, wie etwas aufbewahrt werden sollte.

4. Die Qualitätskontrolle ____   D … gibt an, bis wann etwas verbraucht werden sollte.

5. Das Lagerprinzip ____   E … regelt den Kauf, den Versand und die Abrechnung von Waren.

7a **Ein Praktikum im Bereich … Ordnen Sie die Tätigkeiten den Bereichen zu.**

~~Möbel auseinanderbauen~~   Proben nehmen   Möbel verladen   Geräte reinigen
einen Lkw fahren   Messungen dokumentieren   schwere Gegenstände tragen
Möbel aufbauen   Ergebnisse weitergeben   Proben analysieren   Gegenstände verpacken

beim Umzugsunternehmen	im Labor
Möbel auseinanderbauen	

b **Wählen Sie einen Bereich aus 7a oder aus Ihrem (Wunsch-)Beruf. Beschreiben Sie den Ablauf.**

Zuerst bauen wir die Möbel auseinander. Dann …

8 **Lesen Sie die Mail, ordnen Sie die Ausdrücke zu und schreiben Sie Finalsätze mit *um … zu* oder *damit*.**

die Voraussetzungen erfüllen   Erfahrungen in meinem Wunschberuf sammeln
mein Deutsch verbessern   die Kinder werden selbstständiger
Kinder beim Singen begleiten können   bei gefährlichen Situationen eingreifen können

✉

Hallo Franziska,
in den letzten zwei Wochen habe ich ein Praktikum im Kindergarten gemacht, (1) _____
_____. Es war toll und ich habe viel gelernt!

Morgens habe ich zuerst das Frühstück vorbereitet. Ein paar Kinder durften dabei helfen, den

Tisch zu decken, Obst zu schneiden … Solche Tätigkeiten sind wichtig, (2) _____

_____. Nach dem Frühstück war Morgenkreis: Wir

haben gesungen, erzählt … und meine Kollegin hat Gitarre gespielt. Das möchte ich auch gern

lernen, (3) _____. Nach dem Morgenkreis

gab es immer verschiedene Aktivitäten. Ich war im Garten und habe dort nach den Kindern und

Spielgeräten gesehen, (4) _____. Nach dem

Mittagessen war Mittagsruhe und ich habe jeden Tag eine Geschichte vorgelesen. Das war eine

gute Übung, (5) _____. Sogar das Aufräumen

am Ende hat Spaß gemacht. Ich will auf jeden Fall eine Ausbildung zur Erzieherin machen und

habe mich schon informiert, was nötig ist, (6) _____.

Wie geht es dir? Ich bin gespannt, was du von deinem Praktikum erzählst.

Liebe Grüße
Amari

Könnten Sie bitte …? Modul 2   **3**

 1a **Lesen Sie die Sätze und markieren Sie die passende temporale Präposition.**

1. Das Meeting ist am / im Dienstag, den 3.4., für / um 15:00 Uhr im Raum Tokio.
2. Herr Kreisig wird während / in des Termins das neue Bestellsystem vorstellen.
3. Ich nehme in / vor der nächsten Woche innerhalb / für drei Tage an einer Excel-Schulung teil.
4. Matteo wollte sich gegen / seit zehn melden. Er wusste noch nicht genau, wann.
5. Die Aufgabe ist schon während / seit sechs Tagen fällig und sollte so schnell wie möglich erledigt werden.
6. Die Information zu den neuen Überstundenregelungen hat die Personalabteilung schon ab / vor drei Monaten geschickt. Die Regelungen gelten um / ab heute.
7. Könnten Sie das innerhalb / gegen eines Zeitraums von 14 Tagen erledigen?

b **Ergänzen Sie die Präpositionen, wo nötig. Manchmal gibt es mehrere Möglichkeiten.**

Wann haben Sie Urlaub?

_____ Montag

_____ Feiertag

_____ nächste Woche

_____ fünf Tagen

_____ Sommer

_____ dem 5. und dem 12. April

_____ Montag _____ Freitag

_____ Weihnachten

_____ der Schulferien

_____ einem Monat

Wann wurde die Firma gegründet?

_____ der 2. Hälfte des 20. Jahrhunderts

_____ Jahr 1952

_____ 70 Jahren

_____ dem Zweiten Weltkrieg

_____ Oktober 1952

_____ letzten Jahrhundert

TIPP
Präpositionen nach Bedeutungsgruppen lernen
Frage *Wann?* → Antwort bei Wochentagen und Datum *an* + D.,
bei Monaten und Jahreszeiten *in* + D., bei Feiertagen *an/zu* + D.

c **Ergänzen Sie die Wörter im richtigen Kasus.**

1. ○ Wann sollte das Angebot kommen? ● Innerhalb _____ (ein Zeitraum)
   von etwa zwei Wochen.

2. ○ Wann macht Herr Kreisig Urlaub? ● In _____ (ein Monat).

3. ○ Wann sollen wir den Kurs in Erster Hilfe machen? ● Außerhalb _____
   (die Arbeitszeit).

4. ○ Sind gerade Wartungsarbeiten an der Anlage? ● Nein, erst zwischen _____
   _____ (der 6. und 10.3.).

5. ○ Haben Sie Frau Gabeler die Änderungen im Terminplan erläutert? ● Ja, während (das Telefonat)
   _____ gestern.

6. ○ Wann ist die nächste Veranstaltung? ● Um _____ (der 10. Oktober) herum.

7. ○ Das Update für das Programm kommt bald, oder? ● Ja, es ist für _____
   (das erste Quartal) geplant.

8. ○ Wollte die Personalabteilung nicht über die Überstundenregelung informieren? ● Ja, bei _____
   _____ (das Meeting) in _____ (die nächste Woche).

Könnten Sie bitte …?

2 Bis wann können Sie das erledigen? Hören Sie die Sprachnachrichten und antworten Sie.

A 🎤
Hi Tilo, ja, das geht
_____
_____
_____
_____
_____
_____
_____

B 🎤
Liebe Franka, ja,
_____
_____
_____
_____
_____
_____
_____

C 🎤
Hallo Samit, tut mir leid, aber
_____
_____
_____
_____
_____
_____
_____

3 a Hören Sie die Tipps zum Thema „formelle E-Mails" und nummerieren Sie die Themen in der richtigen Reihenfolge.

____ A der Aufbau   ____ E die E-Mail-Adresse

____ B die Formulierungen   ____ F die Betreffzeile

____ C die Form   ____ G die Anrede

____ D die Grußformel

b Hören Sie noch einmal. Welche Hinweise sind richtig? Kreuzen Sie an.

☐ 1. E-Mailadresse mit Namen und Zahlen verwenden
☐ 2. Textinhalte möglichst durch verschiedene Schriftarten und farbige Markierungen hervorheben
☐ 3. informelle Anreden verwenden, wenn man den Empfänger / die Empfängerin besser kennt
☐ 4. unterschiedliche Themen in Absätze gliedern
☐ 5. verkürzte Sätze oder Emojis vermeiden
☐ 6. Bitten oder Anfragen im Imperativ formulieren
☐ 7. nach der Grußformel mit Vornamen und Nachnamen unterschreiben

c Vergleichen Sie Ihre Lösungen aus 3b zu zweit und korrigieren Sie die falschen Hinweise.

4 a Sind die Ausdrücke aus Mails formell oder informell? Notieren Sie F (formell) oder I (informell).

____ 1. Hi Marthe, …

____ 2. Sehr geehrter Herr Dr. Bodur, …

____ 3. Vielen Dank im Voraus für …

____ 4. Herzliche Grüße …

____ 5. Wollte kurz Bescheid geben: …

____ 6. hiermit möchte ich Sie darüber informieren, dass …

____ 7. Anbei sende ich Ihnen …

____ 8. Danke dir für deine …

____ 9. Sorry, dass ich nicht …

____ 10. Ich wollte gern wissen, …

____ 11. Weißt du, in welcher Woche …?

____ 12. Bitte entschuldigen Sie die Verspätung bei …

____ 13. Könnten Sie mir mitteilen, wann …?

____ 14. Schreib mir bitte mal …

____ 15. Hier schicke ich dir …

b Welche Ausdrücke aus 4a passen? Ordnen Sie sie in die Tabelle.

	formell	informell
sich für etwas bedanken	*Vielen Dank im Voraus für …*	*Danke dir für …*
um etwas bitten / nach etwas fragen		
über etwas informieren		
sich entschuldigen		
auf Anhänge verweisen		

5a Lesen Sie die Mails. Was waren die Schreibanlässe? Notieren Sie.

A

von: j.greiner@VL-AG.de
an: jenny.hellmann@VL-AG.de
Betreff: Re: Anfrage HCK-Unterlagen

Hi Jenny,

ich wollte mich ja schon letzte Woche bei
dir melden. Sorry, dass das nicht geklappt
hat, aber es war einfach zu viel los in der
Abteilung.
Hier schicke ich dir nun endlich die
gewünschten Unterlagen.
Danke dir für deine Geduld.

Viele Grüße
János

B

von: kunert@hallBau.com
an: hofer@hallBau.com
Betreff: Erste-Hilfe-Kurs

Lieber Herr Hofer,

ich wollte Sie darüber informieren, dass
der Erste-Hilfe-Kurs leider nicht wie
geplant am 24. und 25. Mai stattfinden
kann, da der Referent leider krank
geworden ist.
Der nächste Kurs findet vom 15. bis 16.
Juni statt. Könnten Sie mir bitte mitteilen,
ob Sie teilnehmen möchten?

Vielen Dank im Voraus.

Herzliche Grüße
Gitta Kunert
Personalabteilung

A Entschuldigung, …

b Wählen Sie eine Mail. Schreiben Sie die Mail neu, indem Sie die Ausdrücke jeweils durch formelle
bzw. informelle Formulierungen ersetzen.

*A Liebe Frau Hellmann,
entschuldigen Sie bitte …*

 TIPP Nach dem Komma in der Anrede beginnt man den ersten
Satz klein. Nach der Grußformel am Ende steht kein Komma.

c Arbeiten Sie in Gruppen mit allen, die den gleichen Text umgeschrieben haben. Korrigieren Sie sich
gegenseitig und geben Sie sich Tipps.

Im Krankheitsfall

 1a **Welche Nomen haben eine ähnliche Bedeutung? Ordnen Sie zu.**

1. die Krankheit _____   A die Version
2. der Anruf _____   B der/die Vorgesetzte
3. der Krankenschein _____   C der/die Mitarbeitende
4. die Diagnose _____   D die Information
5. die Ausfertigung _____   E die Erkrankung
6. der Arbeitgeber _____   F der Krankheitsgrund
7. die Auskunft _____   G die Heilung
8. der/die Arbeitnehmende _____   H die Arbeitsunfähigkeitsbescheinigung
9. die Genesung _____   I das Telefonat

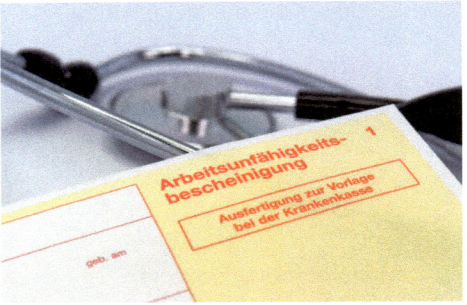

 b **Was bedeuten die Formulierungen? Kreuzen Sie an.**

1. nicht dazu in der Lage sein, etwas zu tun
   - [a] etwas nicht machen können
   - [b] etwas nicht machen wollen

2. jemandem etwas ersparen wollen
   - [a] jemanden zwingen, etwas zu tun
   - [b] wollen, dass jemand etwas nicht tun muss

3. zu etwas verpflichtet sein
   - [a] etwas tun müssen
   - [b] etwas tun dürfen

4. zu etwas führen
   - [a] etwas zur Folge haben
   - [b] etwas befolgen

2 **Krank und jetzt? Lesen Sie die Zusammenfassung des Textes im Kursbuch, Aufgabe 1b und ergänzen Sie die Verben in der richtigen Form.**

geben	ausstellen	informieren	fordern	zurückkehren
erfolgen	vorlegen	regeln	krankschreiben	bemerken

Wenn man (1) _____, dass man krank ist, muss man den Arbeitgeber sofort darüber

(2) _____, dass man nicht zur Arbeit kommen kann. Die Krankmeldung kann per Mail

oder Anruf (3) _____. Das ist gesetzlich nicht (4) _____.

Der Arzt oder die Ärztin wird Sie (5) _____ und Ihnen einen Krankenschein

(6) _____. Diesen müssen Sie dem Arbeitgeber laut Gesetz bis zum 4. Krankheitstag

(7) _____. Sie müssen aber keine

Auskunft über den Krankheitsgrund

(8) _____. Wenn Sie sich wieder

fit fühlen, können Sie an den Arbeitsplatz

(9) _____, auch wenn Sie noch

krankgeschrieben sind. Viele Arbeitgeber

(10) _____ bei kurzer Krankheit

von ein bis drei Tagen keine ärztliche Bescheinigung.

3 a Krankgeschrieben arbeiten? Lesen Sie die Forumsbeiträge und ordnen Sie die Aussagen 1–4 zu.

Josi

Ich habe seit diesem Jahr eine neue Stelle und war nun das erste Mal krank-geschrieben (Grippe). Bei meinen früheren Jobs bedeutete das, dass man nichts von der Arbeit hörte und sich erholen konnte. Unwichtiges wurde verschoben, Wichtiges von Kolleg*innen erledigt. Dieses Mal habe ich täglich Nachrichten mit dringenden To-dos nach Hause erhalten. Ich habe sie erledigt, fand es aber furchtbar. Dürfen die das überhaupt? Wie ist das bei euch so? Arbeitet ihr trotz Krankschreibung oder wird Kranksein bei euch respektiert?

Kito

Bei uns sind Mitarbeitende früher oft krank zur Schicht erschienen, wenn die Auftragsbücher voll waren. Heute ist das zum Glück anders. Kranke bleiben zu Hause, Aufträge bearbeiten ist aber bei bestimmten Tätigkeiten trotzdem erlaubt. Computer und Homeofficeregeln machen das möglich. Es ist aber freiwillig.

Alex

In meiner Firma war das schon immer so, wie Josi es von früheren Stellen beschreibt. Wer krank ist, wird in Ruhe gelassen. Nur in Notfällen wird da eine Ausnahme gemacht, z. B. wenn ganz wichtige Infos fehlen. Sonst hört man auf die Tipps von Medizinern, was richtig ist. Nur wer wirklich fit ist, sollte arbeiten.

Zoe

Es wäre gut, wenn alle Vorgesetzten so wären. Das ist aber leider nicht so. Das kenne ich auch. Gerade, wenn man neu ist wie Josi, will man einen guten Eindruck machen und sich Karrierewege ermöglichen. Da arbeitet man schon mal, obwohl man krank ist, das verstehe ich. Man sollte aber keinen gesundheitlichen Schaden riskieren.

1. … bekommt im Job regelmäßig Arbeitsaufträge, obwohl er/sie krankgeschrieben ist.
2. … denkt, dass man nur dann zur Arbeit gehen sollte, wenn man wirklich gesund ist.
3. … hat Verständnis, dass man trotz Krankheit arbeitet, damit man engagiert wirkt.
4. … schreibt, dass manche von zu Hause Aufgaben erledigen, wenn sie krank sind.

INFO ▌**Arbeiten im Krankenstand**
Arbeitnehmende müssen im Krankenstand keine Aufträge erledigen, Nachrichten beantworten oder Telefonate entgegennehmen. Man sollte allerdings auf Nachfragen zu Informationen wie Abläufen oder Passwörtern reagieren, die nötig sind, damit die Vertretung arbeitsfähig ist.

b Wie sind Ihre Erfahrungen mit dem Thema in Deutschland und in Ihrem Herkunftsland? Schreiben Sie einen kurzen Forumsbeitrag.

 4 a Ergänzen Sie Artikel und Plural zu den Nomen aus 3a. Die Tabelle im Kursbuch, Aufgabe 2a hilft.

TIPP ▌Es gibt viele verschiedene Formen der Pluralbildung. Lernen Sie deshalb Nomen immer zusammen mit dem Artikel und der Pluralform.

Singular	Plural	Singular	Plural
1. _die_ Aufgabe	die Aufgaben	9. _____ Job	
2. _____ Nachricht		10. _____ Weg	
3. _____ Notfall		11. _____ Schaden	
4. _____ Tipp		12. _____ Schicht	
5. _____ To-do		13. _____ Computer	
6. _____ Auftragsbuch		14. _____ Stelle	
7. _____ Ausnahme		15. _____ Vorgesetzte	
8. _____ Mediziner		16. _____ Auftrag	

b Ergänzen Sie die Pluralformen von *das Kind* im passenden Kasus.

Wenn die (1) _____ krank sind, können Eltern nicht zur Arbeit gehen, denn sie müssen

ihre kranken (2) _____ daheim betreuen. Aber sie müssen mit den

(3) _____ zum Arzt gehen, denn sie benötigen eine Krankschreibung. So bekommen

sie auch im Krankheitsfall der (4) _____ weiter ihr Gehalt.

5 a n-Deklination. Finden Sie sechs Nomen und bilden Sie den Singular.

KOLLEGEN|EXPERTENASSISTENTENSPEZIALISTENPRAKTIKANTENSTUDENTEN

der Kollege – die Kollegen

b Ergänzen Sie *-(e)n*, wo nötig.

1. ○ Hast du schon einmal mit einem Experte_____ über deine gesundheitlichen Probleme gesprochen?

   ● Ja. Mein Arzt hat mich zu Dr. Thomann geschickt. Er ist Spezialist_____.

2. ○ In unserer Abteilung wird im Krankheitsfall Wichtiges von den Kollege_____ übernommen.

   ● Bei uns nicht. Egal, ob Krankheit oder Urlaub: Wenn man wieder ins Büro kommt, wünscht man sich

   einen Assistent_____, der bei der vielen Arbeit hilft.

3. ○ Die Firma sucht gerade Praktikant_____.

   ● Mein Kollege_____ hat Kontakt zu Student_____ der

   Universität. Ich sage es ihm.

> **TIPP** Nomen der n-Deklination haben **immer** die Endung *-(e)n*, nur im Nominativ Singular nicht.

Aussprache: begeistert und ablehnend

2.11

1 a Hören Sie das Gespräch und markieren Sie die Wörter, die besonders betont sind.

○ Ich bin von dem Workshop total begeistert.
● Also, ich fand ihn furchtbar. Findest du wirklich, dass der Referent gut war?
○ Ja, ich fand, er war richtig gut!
● Es kann doch gar nicht sein, was er da über die Neuregelungen gesagt hat.
○ Also, ich kann mir das sehr gut vorstellen.
● Nein. Es geht ganz sicher nicht so, wie er sagt.
○ Ach, du musst immer alles kritisieren. Ich finde die Vorschläge einfach super.

b Hören Sie noch einmal und sprechen Sie nach.

c Sprechen Sie die Sätze. Achten Sie auf die Betonung.

1. Das ist <u>absolut</u> richtig. – Das kann ich <u>überhaupt</u> nicht nachvollziehen.
2. Ich bin <u>ganz</u> Ihrer Meinung. – Ich halte den Vorschlag <u>wirklich</u> für übertrieben.
3. Das ist ja ein <u>tolles</u> Konzept. – Das Konzept überzeugt mich <u>gar</u> nicht.

d Schreiben Sie selbst Sätze wie in 1c. Tauschen Sie mit Ihrem Partner / Ihrer Partnerin und sprechen Sie sich gegenseitig vor. Kontrollieren Sie Aussprache und Betonung.

So schätze ich mich nach Kapitel 3 ein: Ich kann ...	+	○	—
💬 ... über Branchen sprechen. ▶Auftakt A1a, A2	☐	☐	☐
🔊 ... Kurznachrichten aus der Wirtschaft verstehen. ▶Auftakt, A1b–c	☐	☐	☐
💬 ... Abläufe beschreiben. ▶M1, A1b	☐	☐	☐
✏️ ... Abläufe beschreiben. ▶ÜB M1, Ü2c	☐	☐	☐
🔊 ... Arbeitsabläufe verstehen. ▶M1, A2a–b, A4a	☐	☐	☐
💬 ... einen Arbeitsablauf beschreiben. ▶M1, A2c, A5	☐	☐	☐
✏️ ... einen Arbeitsablauf beschreiben. ▶ÜB M1, Ü7b	☐	☐	☐
📖 ... Anweisungen und Aufträge verstehen. ▶M2, A1a	☐	☐	☐
💬 ... Anweisungen und Aufträge geben und darauf reagieren. ▶M2, A1c	☐	☐	☐
📖 ... formelle und informelle Nachrichten verstehen. ▶M2, A2a, ÜB M2, Ü5a	☐	☐	☐
🔊 ... kurze Sprachnachrichten verstehen. ▶ÜB M2, Ü2	☐	☐	☐
🔊 ... einen Podcast zum Thema „Mailkommunikation" verstehen. ▶ÜB M2, Ü3	☐	☐	☐
✏️ ... formelle und informelle Nachrichten schreiben. ▶M2, A3a, ÜB M2, Ü2 Ü5b	☐	☐	☐
💬 ... über Regelungen zum Thema „Krankheit" sprechen. ▶M3, A1a, c	☐	☐	☐
📖 ... einen Ratgeberartikel zum Thema „Krankmeldung" verstehen. ▶M3, A1b–c	☐	☐	☐
💬 ... Informationen zu Krankheitsregelungen präsentieren und nachfragen. ▶M3, A3b	☐	☐	☐
📖 ... Forumsbeiträge zum Thema „krankgeschrieben arbeiten" verstehen. ▶ÜB M3, Ü3a	☐	☐	☐
✏️ ... einen Forumsbeitrag schreiben. ▶ÜB M3, Ü3b	☐	☐	☐
💬 ... sich telefonisch bei einer Krankenversicherung informieren. ▶KiB, A2	☐	☐	☐

Das ist für meinen (Wunsch-)Beruf besonders wichtig:

_____

_____

_____

_____

_____

_____

_____

_____

Wortschatz

die Maschinenbaubranche, -n _____

die Elektronikbranche, -n _____

die Logistikbranche, -n _____

chemisch _____

pharmazeutisch _____

die Arbeitskraft, ⸚e _____

der Umsatz, ⸚e _____

die Vorschrift, -en _____

das Fließband, ⸚er _____

montieren _____

die Qualitätssicherung, -en _____

die Rezeptur, -en _____

die Textilie, -n _____

die Digitalisierung _____

Modul 1 Wir machen das so, damit . . .

die Hygiene _____

verunreinigen _____

die Backware, -n _____

der Teig, -e _____

die Filiale, -n _____

verladen (verlädt, verlud, hat verladen) _____

übergeben (übergibt, übergab, hat übergeben) _____

annehmen (nimmt an, nahm an, hat angenommen) _____

entgegennehmen (nimmt entgegen, nahm entgegen, hat entgegengenommen) _____

quittieren _____

einsortieren _____

kassieren _____

der Mangel, ⸚ _____

parallel _____

Modul 2 Könnten Sie bitte . . .?

der Workshop, -s _____

sich registrieren bei + D. _____

verpflichtend _____

bereitstehen (steht bereit, stand bereit, ist bereitgestanden) _____

das Kalenderjahr, -e _____

fällig _____

eine Entscheidung treffen (trifft, traf, hat getroffen) _____

erstellen _____

abbauen _____

die Daumen drücken _____

der/die Lieferant/in, -en/-nen _____

die Alternative, -n _____

beifügen _____

Modul 3   Im Krankheitsfall

der Krankheitsfall, ⸚e   _____

die Beschwerde, -n   _____

die Krankmeldung, -en   _____

der Krankenschein, -e   _____

jdm. krankschreiben (schreibt   _____
  krank, schrieb krank, hat
  krankgeschrieben)

die Ausfertigung, -en   _____

die Bescheinigung, -en   _____

ausstellen   _____

vorlegen   _____

rückwirkend   _____

die Vertretung, -en   _____

der/die Ansprechpartner/in,   _____
  -/-nen

der/die Angehörige, -n   _____

etw. gesetzlich regeln   _____

das Detail, -s   _____

jdm. etw. ersparen   _____

sich herausstellen   _____

zurückkehren zu + D.   _____

vorausgesetzt   _____

der Fragebogen, ⸚   _____

führen zu + D.   _____

in der Lage sein zu + D.   _____
  (ist, war, ist gewesen)

1   **Notieren Sie weitere Wörter, die für hren Beruf wichtig sind.**

_____

_____

_____

2   **Wie heißen die Verben zu den Nomen? Notieren Sie.**

1. die Verunreinigung _____

2. die Annahme _____

3. die Verarbeitung _____

4. die Prüfung _____

5. die Digitalisierung _____

6. die Meldung _____

7. die Registrierung _____

8. der Abbau _____

3   **Wie heißen die Wendungen? Ergänzen Sie die Verben.**

sein	melden	ausstellen	abbauen	entgegennehmen	treffen

1. einen Auftrag _____

2. eine Entscheidung _____

3. in der Lage _____

4. sich krank _____

5. eine Bescheinigung _____

6. Überstunden _____

4   **Sammeln Sie Wörter und Wendungen zum Thema „im Krankheitsfall".**

die Krankmeldung

im Krankheitsfall

1a Papierkram. Markieren Sie neun Nomen.

U	L	**B**	**E**	**W**	**I**	**R**	**T**	**U**	**N**	**G**	**S**	**B**	**E**	**L**	**E**	**G**
X	R	K	A	S	S	E	N	Z	E	T	T	E	L	Q	E	L
B	E	S	T	E	L	L	S	C	H	E	I	N	K	U	R	C
I	C	S	K	L	I	E	F	E	R	S	C	H	E	I	N	L
V	H	P	A	N	G	E	B	O	T	P	K	A	N	T	G	U
M	N	O	L	A	B	X	R	T	L	U	E	L	V	T	X	W
G	U	Z	P	R	E	I	S	L	I	S	T	E	F	U	M	T
O	N	D	A	V	J	K	D	O	T	M	E	L	R	N	A	P
Y	G	E	K	V	I	E	Q	W	S	H	K	O	Z	G	I	R

b Ergänzen Sie zu den Definitionen die passenden Nomen mit Artikel aus 1a.

1. Den Nachweis braucht man, um Geschäftsessen abzurechnen: _der_ _Bewirtungsbeleg_
2. Das ist der Bon, den man z. B. im Supermarkt bekommt: _____ _____
3. Darauf steht, was in einer Lieferung enthalten ist: _____ _____
4. Darauf steht der Betrag, den man bezahlen muss: _____ _____
5. Auf das Formular schreibt man, was man kaufen möchte: _____ _____
6. So nennt man auch eine Fahrkarte oder Eintrittskarte: _____ _____
7. Darauf steht, was man kaufen kann und wie viel es kostet: _____ _____
8. In dem Schreiben bietet Ihnen eine Firma etwas an: _____ _____
9. Damit kann man belegen, dass man etwas bezahlt hat: _____ _____

2 Bringen Sie die Aktivitäten in eine logische Reihenfolge.

A _1_ die Anfrage stellen _3_ das Angebot annehmen _2_ das Angebot bekommen

B ____ den Bestellschein abschicken ____ den Katalog ansehen ____ den Bestellschein ausfüllen

C ____ die Bestellung aufgeben ____ die Lieferung bekommen ____ die Bestellbestätigung bekommen

D ____ die Rechnung bekommen ____ den Bewirtungsbeleg erhalten ____ die Rechnung bezahlen

E ____ die Kundennummer erhalten ____ das Kundenkonto anlegen ____ etwas bestellen

F ____ die Gutschrift einlösen ____ sich über den Service beschweren ____ eine Gutschrift bekommen

3 Im Geschäft oder online einkaufen? Ordnen Sie die Ausdrücke zu. Es gibt mehrere Möglichkeiten. Vergleichen Sie dann zu zweit und ergänzen Sie zwei weitere Ausdrücke.

> ~~A mehrere Anbieter schnell vergleichen~~   B einen Kassenzettel bekommen   C nachfragen können
> D Bewertungen von anderen Kunden lesen   E bar bezahlen   F eine Bestellung abschicken
> G die Ware anfassen   H auf die Lieferung warten   I sich beraten lassen   J mehr Auswahl haben
> K die Qualität überprüfen   L die Ware direkt mitnehmen   M sich registrieren   N alle Belege digital haben

im Geschäft einkaufen	**online einkaufen**

_____   _A_____

_____   _____

4 a Wie heißen die Verben?

1. die Bestellung   _bestellen_____   4. das Angebot   _____

2. die Lieferung   _____   5. die Auswahl   _____

3. die Registrierung   _____   6. der Versand   _____

b Ergänzen Sie die Verben aus 4a in der richtigen Form.

○ Hast du schon das neue Werbematerial (1) _b e s t e l l t_?

● Nein, wir müssen noch die Farben für die Kulis (2) __ __ __ __ __ __ __ __ __.

○ Ach, sehr gut. Ich habe nämlich einen Online-Shop gefunden, der die Kulis noch günstiger

(3) __ __ __ __ __ __ __ __.

● Aber da muss ich uns dann wieder neu (4) __ __ __ __ __ __ __ __ __ __ __ __. Wir haben jetzt schon

Konten bei drei Anbietern.

○ Es ist aber wirklich billiger dort. Und der Shop (5) __ __ __ __ __ __ __ auch kostenlos ab einem

Bestellwert von 200 Euro.

● Wirklich? Und wie schnell wird die Ware (6) __ __ __ __ __ __ __ __ __?

5 Marta möchte einen Online-Shop eröffnen. Was sollte sie beachten? Schreiben Sie Sätze.

> ~~die Qualität~~   die Registrierung   die Lieferung
> die Kundinnen und Kunden   die Preise
> die Auswahl   Rabattaktionen

> schnell   groß   nicht zu hoch
> regelmäßig
> einfach   ~~sehr gut~~   zufrieden

Die Qualität sollte sehr gut sein.

Der neue Kursraum

1 **Wie heißen die Dinge in der Sprachschule? Schreiben Sie die Nomen mit Artikel.**

1. TEWHIARDBO _____
2. GARRODEBE _____
3. MEREIMÜLL _____
4. JEKPROTOR _____
5. NNWAPIND _____
6. ERAYPL-CD _____

2 **Eine Anfrage, zwei Reaktionen. Ordnen Sie die passenden Antworten zu.**

1. Wir sind auf der Suche nach einer Firma, die unsere Sprachschule renoviert. ☺ _A_ ☹ _G_

2. Bieten Sie auch eine persönliche Farbberatung an? ☺ ____ ☹ ____

3. Könnten Sie die Renovierung schon im August machen? ☺ ____ ☹ ____

4. Haben Sie einen Katalog oder eine Preisliste, die Sie mir schicken könnten? ☺ ____ ☹ ____

A Da sind Sie bei mir genau richtig.
B Klar, die finden Sie auf unserer Webseite.
  Ich sende Ihnen einen Link.
C So etwas haben wir leider nicht im Angebot.
D Ich denke, das ist zeitlich möglich.

E Tut mir leid, wir erstellen nur individuelle Angebote.
F Natürlich. Das ist Teil unseres Services.
G Wir können im Moment leider keine neuen
  Aufträge annehmen.
H So kurzfristig schaffen wir das leider nicht.

3 a **Wo ist die Papierkugel? Ergänzen Sie die Wechselpräpositionen.**

unter	an	über	vor	in	auf	neben	zwischen	hinter

1. _____
2. _____
3. _____
4. _____
5. _____
6. _____
7. _____
8. _____
9. _____

b **Ergänzen Sie die Artikel.**

Wohin fliegt die Papierkugel? (+ Akkusativ)

1. Die Kugel fliegt neben _den_ Mülleimer.
2. Die Kugel fliegt auf _____ Mülleimer.
3. Die Kugel fliegt vor _____ Mülleimer.
4. Die Kugel fliegt zwischen _____ Mülleimer (Pl.).

Wo ist die Papierkugel? (+ Dativ)

Die Kugel ist neben _dem_ Mülleimer.
Die Kugel ist auf _____ Mülleimer.
Die Kugel ist vor _____ Mülleimer.
Die Kugel ist zwischen _____ Mülleimern (Pl.).

4a Ergänzen Sie die Verben in der richtigen Form.

| setzen | hängen | legen | stellen | stehen | sitzen | hängen | liegen |

Wohin? (Bewegung)

Wo? (Zustand)

1. a Rima _____ die Jacke an die Garderobe.

   b Die Jacke _____ an der Garderobe.

2. a Rima _____ den Kaffee auf den Tisch.

   b Der Kaffee _____ auf dem Tisch.

3. a Rima _____ ihr Buch auf den Tisch.

   b Das Buch _____ auf dem Tisch.

4. a Rima _____ sich auf den Stuhl.

   b Rima _____ auf dem Stuhl.

 b Welches Verb passt? Kreuzen Sie an.

1. Die Stühle ☐ stellen ☐ stehen noch alle im Keller.
2. Wir ☐ hängt ☐ hängen die neue Pinnwand an die Wand.
3. Warum ☐ legst ☐ liegst du deine Jacke immer auf meinen Stuhl?
4. Der neue Schüler ☐ sitzt ☐ setzt auf meinem Platz!

 5 Im Deutschkurs. Ordnen Sie zu.

1. Lydia hängt die Texte _____
2. Die Lehrerin legt die Arbeitsblätter _____
3. Den kaputten Kuli wirft Leo _____
4. Joyce steht bei der Präsentation _____
5. Die Jacke von Marco liegt _____
6. Marjam schreibt _____
7. Der kaputte Stift ist jetzt _____
8. Jamal stellt das Buch _____

A auf die Tische.

B auf dem Stuhl.

C im Mülleimer.

D ins Regal.

E vor dem Whiteboard.

F in ihr Heft.

G an die Pinnwand.

H in den Mülleimer.

 6a Frau Zieglers Vormittag. Lesen Sie und markieren Sie die richtige Form.

Frau Ziegler möchte (1) <mark>im</mark> / in den neuen Kursraum aufräumen. Der Raum ist (2) am / an das Ende des Flurs. Auf (3) dem / den Weg durch (4) dem / den Flur kommt sie bei (5) ihrem / ihren Chef vorbei und bespricht mit ihm den Tag. Als sie aus (6) dem / das Büro kommt, trifft sie Maya. Sie kommt gerade von (7) einer / eine Konferenz mit Lehrern und Lehrerinnen aus (8) der / die ganzen Welt. In der Mittagspause möchte Maya (9) zur / zu die Bäckerei gehen und fragt, ob sie ihr ein Brötchen von (10) der / die Bäckerei mitbringen soll. Frau Ziegler bedankt sich und kann nun endlich (11) im / in den Kursraum gehen und mit der Arbeit beginnen.

b **Welche lokale Präposition passt? Ergänzen Sie.**

gegen	durch	neben	ab	um ... herum	vom ... aus

1. Max geht _____ Bahnhof _____ zu seinem Deutschkurs.

2. Der Weg geht _____ den Park.

3. Eine Ente geht _____ dem Fluss spazieren.

4. Max ist noch müde und läuft _____ ein Schild.

5. Ein Hund läuft _____ Max und das Schild _____.

6. Mist! _____ der kleinen Brücke ist der Weg gesperrt.

TIPP | **lokale Präpositionen mit Bildern lernen**
Zeichnen Sie selbst ein ähnliches Bild (oder suchen Sie nach einem geeigneten Foto) und schreiben Sie Beispielsätze dazu. Wenn Sie selbst zeichnen, lernen Sie die Präpositionen noch besser.

7 **Den Kunden informieren. Ordnen Sie das Schreiben.**

○ ○ ○   ✉

____ A Anbei finden Sie unser Angebot für Ihre Büroeinrichtung. Vorab noch einige Informationen:

____ B Außerdem müssen Sie auch noch die Höhe der Regale wählen: 2,20 Meter oder 2,80 Meter
stehen zur Auswahl.
Alle Preise finden Sie in der angehängten Preisliste.

____ C Alternativ bieten wir Ihnen die Regale in Dunkelgrau, Schwarz oder Weiß an.

_1_ D Lieber Herr Hahnwald,
vielen Dank für Ihre Anfrage.

____ E Zuerst zu den Tischen und Stühlen: Die sind wie gewünscht im Farbton Silbergrau lieferbar.

____ F Der verabredete Liefertermin im September ist kein Problem.
Bei weiteren Fragen stehe ich Ihnen selbstverständlich zur Verfügung.

____ G Mit besten Grüßen
Francesco Rossi

____ H Allerdings sind die Regale leider nicht in diesem Silbergrau lieferbar.

Alles fürs Büro

1 Ordnen Sie die Gegenstände den Wörtern zu.

1. der Klebestift _D_
2. die Büroklammer ____
3. der Locher ____
4. der Tacker / der Hefter ____
5. das Klebeband ____
6. der Briefumschlag ____
7. die Schere ____
8. der Kugelschreiber / der Kuli ____

9. das Papier ____
10. der Ordner ____

2 Adina schickt eine Bestellung per Mail an Büro-Hero. Ergänzen Sie das Anschreiben.

oben genannte	Bestellbestätigung	Kundennummer	im Anhang	zu Händen

Betreff: Bestellung Schreibwaren, (1) _____ 21-23-21

Liebe Frau Sonntag,

(2) _____ finden Sie unsere aktuelle Bestellung.

Bitte schicken Sie alles an die (3) _____ Lieferadresse,

(4) _____ Adina Fischer. Rechnung und

(5) _____ können Sie mir per Mail schicken.

Vielen Dank und freundliche Grüße

Adina Fischer

INFO Anschreiben
Manchmal möchte man eigentlich nur einen Anhang verschicken. Schreiben Sie trotzdem eine kurze Mail dazu, in der steht, worum es geht.

3 a Schreiben Sie die Sätze und verwenden Sie den Konjunktiv II.

1. du / mir / bitte / deine Schere / leihen / ? Meine ist kaputt.
2. Alex / nie / den Scanner / benutzen. Er kennt sich damit nicht aus.
3. Sie / bitte / hier / unterschreiben / ?
4. ich / am liebsten / mich / bei denen / beschweren / .
5. Der Service bei dem Anbieter ist echt schlecht. ich / dort / nicht mehr / bestellen / .

b Ergänzen Sie das Modalverb im Konjunktiv II in der richtigen Form.

1. Ich _____ (müssen) noch die Bestellung abschicken, aber ich habe keine Zeit.
2. Es _____ (können) auch noch Papier im Keller sein, oder?
3. Du _____ (sollen) lieber das Online-Formular benutzen, das geht schneller.
4. _____ (dürfen) dir Marina bei der Bestellung helfen? Dann lernt sie es auch.
5. Lena hätte gern eine Packung Büroklammern. Dann _____ (müssen) sie nicht immer welche von ihrer Kollegin leihen.

c Ergänzen Sie *können* im Konjunktiv II oder die Formen von *würde*. Manchmal passen beide Formen.

○ Du, sag mal, ich habe mir letzte Woche einen neuen Drucker gekauft, aber er funktioniert nicht.

(1) _____ ich bei dir ein paar Seiten ausdrucken?

● Ja, komm einfach vorbei. Aber ich habe kein Papier mehr. (2) _____ du welches mitbringen?

○ Mache ich. Ich (3) _____ dann auch gleich noch eine Druckerpatrone mitbringen. Was

für einen Drucker hast du denn?

● Ach nein, lass das. Das (4) _____ du von mir doch auch nicht erwarten, oder?

○ Nein, natürlich nicht, aber freuen (5) _____ ich mich schon …

● Du (6) _____ aber einen Kuchen mitbringen, dann mache ich uns Kaffee.

○ Okay. Gute Idee.

4 a Beim Kundenservice. Lesen Sie das Telefongespräch. Ordnen Sie die Gesprächsteile zu.

> A Ich wüsste gern, ob ich noch etwas zu der Bestellung ergänzen kann.
>
> B Aber ich könnte Ihnen die Ordner in Schmal anbieten, die kosten im Moment nur 79 Cent.
>
> C Was hätten Sie denn noch gerne?   D Nein, danke. Aber wäre es möglich, dass Sie mir
>
> ~~E was kann ich für Sie tun?~~   eine neue Bestellbestätigung schicken?
>
> F Also, wir bräuchten dringend noch Ordner. Die einfachen in Schwarz, 20 Stück.
>
> G Würden Sie mir zuerst noch Ihre Kundennummer geben?   H Na ja, die breiten Ordner wären besser.

Firma Büro-Hero, Kundenservice, mein Name ist Ute Beer, (1) _E_

Ja, natürlich. (3) ____

Okay, danke, ich sehe jetzt auch Ihre Bestellung. (4) ____

Ah ja. Das ist Bestellnummer 30337. Die sind leider ausverkauft. (6) ____

Alles klar. Sonst noch etwas?

Kein Problem.

Hallo, mein Name ist Rosalie Cheng von der Firma Export-Hütter. Ich habe Ihnen gestern unsere Bestellung geschickt. (2) ____

Klar, das ist die 100-91-80.

(5) ____

(7) ____ Aber gut, dann schicken Sie uns davon 30 Stück.

(8) ____

Vielen Dank.

b Hören Sie das Telefongespräch zur Kontrolle. Arbeiten Sie dann zu zweit und spielen Sie das Gespräch. Tauschen Sie auch die Rollen.

2.12

2.13

5 a Hören Sie das Gespräch und kontrollieren Sie den Lieferschein. Notieren Sie Fehler auf dem Lieferschein.

Lieferschein Bestellung 23-M-205

Wir bedanken uns für Ihren Auftrag und liefern wie vereinbart folgende Waren:

Pos.	Best.-Nr.	Bezeichnung	Menge
1	45678	Kopierpapier gelb, DIN A4, 500 Blatt	2 Pck.
2	45679	Kopierpapier hellblau, DIN A4, 500 Blatt	1 Pck. ✓
3	45680	Kopierpapier rosa, DIN A4, 500 Blatt	2 Pck.
4	45681	Kopierpapier hellgrün, DIN A4, 500 Blatt	1 Pck.
5	45677	Kopierpapier weiß, DIN A4, 500 Blatt	20 Pck.
6	45690	Kopierpapier weiß, DIN A3, 250 Blatt	5 Pck.
7	65541	Briefumschläge DIN lang ohne Fenster, 50 St.	10 Pck.
8	65542	Briefumschläge DIN lang mit Fenster, 50 St.	20 Pck.
9	12345	Ordner, DIN A4, breit	30 St.
10	12346	Ordner, DIN A4, schmal	30 St.
11	22456	Büroklammern, 100 St.	5 Pck.
12	22455	Büroklammern, farbig gemischt, 20 St.	4 Pck.

Sie können sich jederzeit gerne an unseren Kundenservice wenden.
Ihr Team vom Büro-Hero

INFO | **Papiergrößen**

Die Größe von Papier wird in Deutschland in DIN angegeben. Normales Kopierpapier hat die Größe DIN A4. Manchmal benutzt man auch DIN A5, das ist halb so groß wie DIN A4, oder DIN A3, das ist doppelt so groß wie DIN A4. Entsprechend benutzt man Ordner, Hefte oder Briefumschläge, die zu diesen Größen passen.

b Schreiben Sie an *Büro-Hero* und ergänzen Sie die Liste mit den fehlerhaften Artikeln aus 5a.

○ ○ ○   ✉

Betreff: Reklamation

Sehr geehrte Damen und Herren,

die Lieferung mit der Bestellnummer 23-M-205 war leider unvollständig.

Folgende Posten fehlten:

Pos.	Best.-Nr.	Bezeichnung	Menge	Fehler
1	_____	*Papier Größe ___ Farbe ___*	___ Pck.	*nur ___ Pakete geliefert*

Wir bitten Sie, uns die fehlende Ware schnellstmöglich zuzusenden.
Vielen Dank und mit freundlichen Grüßen

Vincent Klein

Beschwerden

 1 Online-Bewertungen. Sind die Adjektive positiv oder negativ? Sortieren Sie.

| ärgerlich | verständlich | zufrieden | hilfsbereit | frustriert | aufwendig | super | freundlich |
| zuverlässig | nervig | pünktlich | kompliziert | begrenzt | optimal | bedauerlich |

positiv	negativ

 2 a Hauptpunkt oder Beispiel? Markieren Sie die Formulierungen mit zwei Farben.

Viele Kunden/Kundinnen sind mit … nicht zufrieden.   Zu dem Punkt werden z. B. … genannt.

Eine Kundin schreibt zum Beispiel, dass …   Die Kunden/Kundinnen reklamieren z. B., dass …

Besonders häufig beschweren sich Kunden/Kundinnen über …   … gibt es negative Kommentare zu …

b Beschwerden beim Möbelversand. Ergänzen Sie die Ausdrücke aus 2a.

○ ○ ○   ✉

Liebe Kolleginnen und Kollegen,

wie besprochen kommt hier die Zusammenfassung der häufigsten Kritikpunkte im Netz:

1. Registrierung / App: _____

Probleme bei der Neuanmeldung in der App. _____

sie es nicht gut findet, dass man so viele Daten von sich angeben muss.

2. Qualität der Produkte: _____ den Produkten

_____ oder sie haben etwas anderes erwartet.

_____ Materialmängel _____.

3. Lieferung: Außerdem _____ der Lieferung

der Waren. _____

die Bestellungen nicht pünktlich bei ihnen ankommen.

> **TIPP**
> **Zusammenfassungen schreiben**
> Gliedern Sie den Text, wenn Sie etwas zusammenfassen möchten. Benutzen Sie z. B. Gedankenstriche oder Nummerierungen für die einzelnen Punkte. Das erleichtert auch den Lesenden die Übersicht.

 3 Welcher Konnektor passt? Markieren Sie.

(1) Wenn / Als ich letzte Woche krank war, habe ich mir das erste Mal Lebensmittel liefern lassen. Eigentlich gehe ich auch zum Supermarkt, (2) wenn / als ich krank bin. Aber ich hatte mir den Fuß gebrochen. (3) Wenn / Als die Lieferung kam, war ich sehr neugierig: Ist auch alles dabei? (4) Wenn / Als ich beim Imbiss um die Ecke bestelle, fehlt nämlich fast immer etwas. (5) Wenn / Als ich gerade in die Tüten sehen wollte, klopfte es an der Tür. Dort stand meine Nachbarin, wie ich mit gebrochenem Fuß und einer Tüte vom Lieferdienst und sagte: „Also, normalerweise (6) wenn / als ich krank bin und auf dem Sofa liege, bestelle ich Chips und Schokolade, aber keinen Salat. Ist das deine Tüte?"

4 Bilden Sie Sätze im Präsens mit *während* und *solange.*

> Solange du dich nur um die KundEN kümmerst, werden die KundINNEN weiter unzufrieden sein.

1. ihr / freundlich / sein, sind die Kunden zufrieden.
2. ein Kunde / eine schlechte Bewertung / schreiben, bekommen wir zehn gute Bewertungen.
3. die Kunden / zufrieden / sein, sind wir es auch.
4. kein Kunde / sich beschweren, werden wir auch nichts ändern.
5. wir / hier / diskutieren, hat sich das Problem sicher schon gelöst.

1. Solange ihr freundlich seid, sind die Kunden zufrieden.

 5a Mohanad beschwert sich bei seinem Internet-Anbieter. Ordnen Sie die Sätze.

1. Nachdem er eine schlechte Bewertung geschrieben hatte, ____

2. Nachdem er sich noch einmal beschwert hat, ____

3. Er entschied sich für einen teureren Anbieter, ____

4. Er ist zufrieden mit dem Anbieter, ____

A meldet sich ein Mitarbeiter bei ihm.

B nachdem er ihn zwei Monate getestet hat.

C nachdem er mehrere Bewertungen gelesen hatte.

D bekam er keine Antwort.

b Verbinden Sie die Sätze mit den Konnektoren *während, bevor* oder *nachdem*. Es gibt mehrere Möglichkeiten.

1. Die Kundin liest die Bewertungen. Danach registriert sie sich in der App.
2. Die Kundin schickt ihre Bestellung ab. Vorher wählt sie die Lebensmittel aus.
3. Der Mitarbeiter packt die Lebensmittel ein. Dabei spricht er mit einer Kollegin.
4. Der Mitarbeiter gibt die Lebensmittel an den Fahrer. Vorher kontrolliert er noch einmal die Bestellung.
5. Der Fahrer fährt zur Kundin. Dabei kann die Kundin ihre Lieferung auf der App verfolgen.
6. Der Fahrer übergibt der Kundin die Lieferung. Danach fängt die Kundin an zu kochen.
7. Die Kundin isst ihr Essen. Dabei hört sie einen Podcast.

1. Nachdem die Kundin die Bewertungen gelesen hat, registriert sie sich in der App. /
Bevor sich die Kundin in der App registriert, liest sie die Bewertungen.

 6 Ergänzen Sie die Konnektoren *bis* und *seit/seitdem.*

1. ___*Bis*___ wir auf eine Beschwerde antworten, kann es schon mal ein paar Tage dauern.

2. Wir haben gar nicht auf Beschwerden im Internet reagiert, _____ uns ein Experte darauf hingewiesen hat.

3. Die Kunden und Kundinnen sind zufriedener, _____ wir ihnen auch auf Online-Beschwerden antworten.

4. _____ wir Regeln zum Umgang mit Kundenbeschwerden haben, weiß ich immer genau, was ich schreiben muss.

5. Manchmal dauert es lange, _____ ein Problem gelöst ist.

7 **Lesen Sie den Bericht und ergänzen Sie einen passenden temporalen Konnektor**

während	seit	wenn	bis	bevor	als	solange	nachdem

Studenten-Jobs: Hier bleibe ich nicht mehr lange!

(1) _____ ich einen Job im Kundenservice habe, sehe ich, wie „wichtig" die Kund*innen mancher Firmen wirklich sind. Immer (2) _____ sich jemand direkt bei uns beschwert, warten wir erst mal ab. Aber (3) _____ gestern eine Beschwerde öffentlich gepostet wurde, ging plötzlich alles ganz schnell – und das nur, weil ein bekannter Rap-Musiker etwas daruntergeschrieben hat. Plötzlich haben tausende Leute den Kommentar gelesen. (4) _____ ich noch mit einem anderen Kunden telefoniert habe, hat mein Teamleiter schon an meinem Schreibtisch gewartet. (5) _____ er mir die Situation erklärt hatte, musste ich schnell einen Kommentar im Namen der Firma schreiben. (6) _____ die Sache mit dem Musiker passiert ist, hat sich mein Chef nie dafür interessiert, was ich schreibe. Dieses Mal hat er meinen Text sogar Korrektur gelesen, (7) _____ ich ihn absenden durfte. Na ja, lange mache ich den Job nicht mehr. Aber (8) _____ ich dort noch arbeite, muss ich mich eben an die Regeln halten.

8 **Immer freundlich bleiben im Kundenservice! Schreiben Sie die Antwort höflicher.**

Unglaublich!!! Ich habe Bratwürstchen bestellt und was habe ich bekommen!?!?? So vegetarische Dinger ohne Fleisch!! Ich glaub es nicht! Ich verlange mein Geld zurück! Und die richtigen Würstchen will ich zusätzlich als Entschädigung!

Hallo Kunde, wir bedauern natürlich, dass Sie nicht zufrieden waren. Allerdings können wir diese Kritik nicht ernst nehmen. Das beschriebene Problem ist nicht unsere Schuld, Sie haben genau das Produkt bekommen, das Sie bestellt haben. Deshalb ist es einfach nur unverschämt, dass Sie eine Entschädigung erwarten. Kundenservice

Aussprache: Satzakzent

🔊 2.14
🔑 **1a** **Hören Sie die Sätze und sprechen Sie nach. Markieren Sie die betonten Wörter und kreuzen Sie die Regel an.**

1. Er arbeitet im Kundenservice.
2. Ich lese eine Bewertung.
3. Wir besprechen die Ergebnisse.

TIPP Wenn man kein Wort besonders hervorheben will, ist der Satzakzent meist
☐ am Anfang des Satzes.
☐ in der Mitte des Satzes.
☐ am Ende des Satzes.

🔊 2.15
🔑 **b** **Achten Sie auf die Betonung. Welche Information ist dem Sprecher wichtig? Markieren Sie und ordnen Sie die passende Antwort zu.**

1. Hat Louis den Bericht an die Teamleitung geschickt? ____   A Nein, er hat ihn nur an mich geschickt.
2. Hat Louis den Bericht an die Teamleitung geschickt? ____   B Nein, er hatte keine Zeit.
3. Hat Louis den Bericht an die Teamleitung geschickt? ____   C Nein, er hat erst mal eine Liste geschickt.
4. Hat Louis den Bericht an die Teamleitung geschickt? ____   D Nein, das hat Funda gemacht.

c **Arbeiten Sie zu zweit. Schreiben Sie Fragen und Antworten wie in 1b. Fragen Sie sich dann gegenseitig. Haben Sie richtig betont? Haben Sie die richtige Antwort gefunden?**

So schätze ich mich nach Kapitel 4 ein: Ich kann ...	+	○	—
🔊 ... Gespräche über beruflich wichtige Belege verstehen. ▶Auftakt, A1b	☐	☐	☐
💬 ... über Belege und deren Relevanz sprechen. ▶Auftakt, A2	☐	☐	☐
🔊 ... eine telefonische Anfrage verstehen. ▶M1, A2a–c	☐	☐	☐
📖 ... Reaktionen auf eine Anfrage verstehen. ▶ÜB M1, Ü2c	☐	☐	☐
✏ ... Kunden/Kundinnen in einem Begleitschreiben zu einem Angebot informieren. ▶M1, A4	☐	☐	☐
📖 ... ein Begleitschreiben zu einem Angebot verstehen. ▶ÜB M1, Ü7	☐	☐	☐
📖 ... einen Katalog systematisch lesen und passende Produkte auswählen. ▶M2, A1b–2a	☐	☐	☐
🔊 ... Bestellwünsche von Kollegen/Kolleginnen verstehen und aufnehmen. ▶M2, A2b	☐	☐	☐
✏ ... ein Bestellformular ausfüllen. ▶M2, A2c	☐	☐	☐
✏ ... ein Anschreiben zu einer Bestellung schreiben. ▶ÜB M2, Ü2	☐	☐	☐
💬 ... eine Bestellung aufgeben und telefonisch ergänzen. ▶M2, A4, ÜB M2. Ü4	☐	☐	☐
🔊 ... Angaben zu einer Lieferung verstehen und kontrollieren. ▶ÜB M2, Ü5a	☐	☐	☐
📖 ... einen Lieferschein mit einer Lieferung abgleichen. ▶ÜB M2, Ü5a	☐	☐	☐
✏ ... eine fehlerhafte Lieferung schriftlich reklamieren. ▶ÜB M2, Ü5b	☐	☐	☐
💬 ... über die Bedeutung von Bewertungsportalen sprechen. ▶M3, A1	☐	☐	☐
📖 ... Bewertungen auf Bewertungsportalen verstehen. ▶M3, A2a	☐	☐	☐
✏ ... Beschwerden einordnen und für andere zusammenfassen. ▶M3, A2b–c	☐	☐	☐
✏ ... auf Beschwerden angemessen reagieren. ▶M3, A5, ÜB M3, Ü8	☐	☐	☐
💬 ... ein technisches Problem beschreiben und Hinweise geben. ▶KiB, A2b	☐	☐	☐

Das ist für meinen (Wunsch-)Beruf besonders wichtig:

_____

_____

_____

_____

_____

_____

_____

Wortschatz

Auftakt

die Quittung, -en _____

der Kassenzettel, - _____

der Kassenbon, -s _____

der Lieferschein, -e _____

die Bestellung, -en _____

der Bestellschein, -e _____

die Preisliste, -n _____

das Angebot, -e _____

die Fahrtkosten (Pl.) _____

der Beleg, -e _____

aufheben (hebt auf, hob auf, hat aufgehoben) _____

etw. erstattet bekommen (bekommt, bekam, hat bekommen) _____

Modul 1 Der neue Kursraum

der Einrichtungsgegen-
stand, ⁀e _____

die Garderobe, -n _____

der Mülleimer, - _____

die Pinnwand, ⁀e _____

das Whiteboard, -s _____

erledigen _____

die Anfrage, -n _____

anbieten (bietet an, bot an, hat angeboten) _____

selbstverständlich _____

jederzeit _____

derzeit _____

zur Verfügung stehen (steht, stand, hat gestanden) _____

die Lieferung, -en _____

lieferbar _____

die Installation, -en _____

der Aufbau, -ten _____

Modul 2 Alles fürs Büro

die Schreibwaren (Pl.) _____

die Büroklammer, -n _____

der Kugelschreiber, - /
der Kuli, -s _____

das Klebeband, ⁀er _____

der Locher, - _____

der Katalog, -e _____

die Packung, -en _____

schmal _____

breit _____

empfehlen (empfiehlt, empfahl, hat empfohlen) _____

die Kundennummer, -n _____

eine Bestellung aufgeben (gibt auf, gab auf, hat aufgegeben) _____

eine Bestellung aufnehmen (nimmt auf, nahm auf, hat aufgenommen) _____

dringend _____

hinweisen auf + A. (weist hin, wies hin, hat hingewiesen) _____

ausverkauft _____

der Rabatt, -e _____

das Sonderangebot, -e _____

die Mehrwertsteuer (MwSt.) _____

Modul 3   Beschwerden

die Registrierung, -en	_____	umgehen mit + D. (geht um, ging um, ist umgegangen)	_____
einen Account anlegen	_____		
aufwendig	_____	ernst nehmen (nimmt ernst, nahm ernst, hat ernst genommen)	_____
anscheinend	_____		
die Auswahl	_____		
begrenzt	_____	das Verständnis	_____
der Anbieter, -	_____	bedauerlich	_____
der Vorrat, ⸚e	_____	die Unannehmlichkeit, -en	_____
die Bewertung, -en	_____	die Entschädigung, -en	_____
die Rückmeldung, -en	_____	die Gutschrift, -en	_____
die Kritik	_____	sich wenden an + A. (wendet sich an, wandte sich an, hat sich angewandt)	_____
vorwerfen (wirft vor, warf vor, hat vorgeworfen)	_____		
reklamieren	_____		

1   **Notieren Sie weitere Wörter, die für Ihren Beruf wichtig sind.**

_____

_____

_____

2   **Suchen Sie die Komposita in der Liste und ergänzen Sie sie mit Artikel.**

1. _____ Preis_____   4. _____ Klebe_____

2. _____ Fahrt_____   5. _____ Rück_____

3. _____ Schreib_____   6. _____ Gut_____

3   **Suchen Sie die Adjektive in der Liste und ergänzen Sie.**

1. b__g__e__z__   3. s__h__a__   5. a__f__e__d__g

2. d__i__g__n__   4. b__d__u__r__i__h   6. s__l__s__v__r__t__n__l__c__

4   **Sammeln Sie Wörter und Wendungen zum Thema „Bestellung".**

der Katalog

die Bestellung

Schreibtraining

1a Tipps für offizielle Mails. Ordnen Sie zu.

> A sinnvolle Absätze   B Schriftgröße   C Grußformel   D Betreff   E Anrede   F höfliche Formulierungen

1. Wählen Sie für Ihre Mail einen klaren, kurzen ____.

2. Verwenden Sie zu Beginn eine angemessene ____.

3. Gliedern Sie Ihre Nachricht in ____.

4. Nutzen Sie sachliche, formale und ____.

5. Wählen Sie eine einheitliche Schriftart und ____.

6. Beenden Sie Ihre Mail mit einer passenden ____.

b Arbeiten Sie zu zweit. Lesen Sie die Mail. Markieren Sie negative Beispiele zu allen Tipps aus 1a.

○ ○ ○ ✉

Von: armin.luderer@tw-bau.de
An: g.kramer@tw-bau.Mainz.de
Betreff: E-Mail wegen der wichtigen Sache letzte Woche

Hallo Frau Dr. Kramer,
sorry, dass ich Ihnen erst jetzt erst schreibe. Ich war letzte Woche im Krankenstand. Was Ihre erste Frage betrifft, muss ich Ihnen leider mitteilen, dass wir dazu keine Erfahrungen haben und Ihnen und Ihrer Abteilung nicht weiterhelfen können. Aber **ANBEI SENDE ICH IHNEN** die gewünschten Materialien zur Überstundenregelung. Wir haben mit dem Modell in unserem Bereich sehr gute Erfahrungen gemacht und konnten die Erfassung und Abrechnung wesentlich vereinfachen. Können Sie mir schreiben, was Sie denken?
Liebe Grüße
Armin L.

2 Welcher Betreff passt zu welchem Anliegen? Ordnen Sie zu.

1. Sie möchten einen Termin bestätigen. ____

2. Sie brauchen Informationen zu einem Projekt. ____

3. Ihnen ist etwas im Angebot einer Firma unklar. ____

4. Sie möchten ein berufliches Treffen verlegen. ____

5. Sie möchten etwas in Auftrag geben. ____

A Rückfrage Angebot vom 23.09.XX

B Nachfrage Projektstand HX7

C Terminverschiebung Vertretertagung 1.6.XX

D Teilnahme Workshop 15.4.XX

E Anfrage Angebot Bürorenovierung

TIPP **kurze und klare Betreffs**
Verwenden Sie Nomen statt Verben und vermeiden Sie unnötige Wörter. Nennen Sie das Thema (Veranstaltung, Projekt, Angebot …) und eventuell das Datum.

3 Ergänzen Sie die Anreden und Grußformeln für offizielle Mails.

1. Seh_____ geehrt_____ Herr Kugler,

2. Lieb_____ Frau Duschek,

3. Sehr geehr_____ Dam_____ und Herr_____,

4. Mit freundlich_____ Grüß_____

5. Herzlich_____ Grüß_____

6. Gut_____ Tag, Herr Roger,

4 Formulieren Sie die Satzanfänge höflicher. Verwenden Sie den Konjunktiv II.

1. Ich habe noch eine Frage zu … _____

2. Können Sie vielleicht …? _____

3. Ist es möglich, dass …? _____

4. Ich will Sie darüber informieren, dass … _____

5. Die Materialien brauche ich bis … _____

5 Ordnen Sie die Formulierungen den Schreibanlässen zu.

> Ich möchte mich herzlich für … bedanken.   Es tut mir sehr leid, dass …   Könnten Sie … bitte …?
>
> Ich möchte Sie darüber informieren, dass …   Ich bräuchte Informationen über …
>
> Ich wollte Bescheid geben, dass …   Ich wollte nachfragen, …   Im Anhang finden Sie …

SICH FÜR ETWAS BEDANKEN	UM ETWAS BITTEN
Herzlichen/Vielen Dank (im Voraus) für …	Ich möchte um … bitten. Ich bräuchte …

ÜBER ETWAS INFORMIEREN	AUF ANHÄNGE VERWEISEN
Ich möchte Ihnen mitteilen, dass …	Anbei sende ich Ihnen …

NACHFRAGEN	SICH ENTSCHULDIGEN
Ich würde gern wissen, … Könnten/Würden Sie mir bitte mitteilen/sagen/ schreiben, …?	Bitte entschuldigen Sie vielmals …

TIPP Legen Sie eine Liste mit wichtigen Formulierungen für Ihre beruflicher Mails an und nutzen Sie sie in Ihren Mails. So verbessern Sie Ihren Schreibstil.

6 Korrigieren Sie nun die Mail in 1b. Beachten Sie die Tipps aus 1 bis 5.

7 a Lesen Sie die Mail und markieren Sie das Anliegen.

○ ○ ○ ✉

Anfrage Renovierung Büroräume August 20XX

Sehr geehrte Damen und Herren,

unsere Firma möchte die Büroräume (10 Zimmer zwischen 12 und 22 Quadratmeter und Flur 30 Quadratmeter) in der Fallmayrstr. 17, 1. Stock im August XX renovieren lassen. Ich wollte Sie bitten, uns ein Angebot für die Renovierung zu schicken. Für Rückfragen stehe ich gern zur Verfügung.

Vielen Dank im Voraus.
Mit freundlichen Grüßen

Fiona Martini

---

b Bereiten Sie eine Antwort auf die Mail in 7a vor und machen Sie Notizen zu den Punkten.

- für die Anfrage danken
- auf allgemeine Preisliste im Anhang verweisen
- um Rückmeldung zum Vorschlag bitten
- Termin für die Besichtigung der Räume vorschlagen
- Ansprechperson für Besichtigungstermin und Angebot nennen

c Schreiben Sie die Antwortmail. Beachten Sie die Checkliste.

> **Checkliste: offizielle Mail**
> ☐ Inhalt: Bitten, Anfragen, Mitteilungen, Entschuldigungen, Bestätigungen …
> ☐ Stil: höflich, neutral, sachlich
> ☐ Register: formell
> ☐ Wortschatz: Nomen (*Bestätigung, Nachfrage, Rückmeldung, Information …*), höfliche Formulierungen (*würden Sie bitte, könnten Sie, ich bräuchte …*)

Redemittel

sich vorstellen Sprechtraining A

sich vorstellen
Mein Name ist …
Ich heiße …
Ich komme aus …

über die zukünftige Zusammenarbeit sprechen
Ich freue mich auf die Zusammenarbeit mit Ihnen.
Ich hoffe auf eine gute Zusammenarbeit.

über Ausbildung und Kompetenzen sprechen
Von Beruf bin ich …
Ich habe eine Ausbildung als … gemacht.
Ich freue mich, bei Ihnen erste Erfahrungen im
    Bereich … sammeln zu können.
Ich habe mich auf … spezialisiert.
Ich habe bisher als … gearbeitet
Ich habe viele Erfahrungen in … gesammelt.

Berufe oder Tätigkeiten beschreiben K1 M2

Typisch für diesen Beruf / diese Tätigkeit ist …
Man arbeitet in einem Büro / in einer Werkhalle / in einem Seniorenheim / …
Zu den Aufgaben in diesem Beruf gehören …
Für diesen Beruf braucht man …

Abläufe beschreiben K3 M1

Zuerst …, dann …, danach …
Anschließend …

Dann folgt der zweite/…/letzte Schritt: …
Abschließend / Zum Schluss …

Nicht-/Verstehen signalisieren und nachfragen Sprechtraining B

Verstehen äußern
Ah, so geht das.
Alles klar.
Ach so.
Jetzt habe ich alles verstanden.
Wird gemacht.
Okay.
Gut, das mache ich!
Super, das ist nicht so schwer.

Nichtverstehen signalisieren und nachfragen
Das ist mir noch nicht klar.
Wie bitte?
Noch einmal etwas langsamer, bitte?
Könnten Sie mir das noch einmal zeigen?
Entschuldigung, wie geht das genau?
Entschuldigung, das habe ich nicht ganz verstanden.
Was genau muss ich machen?
Könnten Sie mir das erklären, bitte?

über eigene Vorstellungen sprechen K1 M3

Ich hätte (keine) Lust, …
Ich würde (nicht) gern …
Ich finde … super/uninteressant/…
Für mich wäre es (nicht) gut, …
Für mich wäre es wichtig, …
Ich hätte (kein) Interesse an …

Grafiken beschreiben K2 KiB

Die Grafik zeigt …
Die Zahlen steigen / gehen nach oben / sind höher als …
Man sieht / Es gibt einen Anstieg der Zahlen.
Die Zahlen fallen/sinken / gehen nach unten / sind niedriger als …
Man sieht / Es gibt einen Rückgang der Zahlen.
Die Zahlen schwanken.
Die Zahlen sind nicht stabil.
Der Unterschied zwischen … ist groß/hoch/deutlich.
Der Unterschied zwischen … ist klein/gering.
Insgesamt …

ein Vorstellungsgespräch führen K2 M2

Interessent/in

Ich habe mich als … / um die Stelle / um den Job als … beworben, weil …

Ich habe Berufserfahrung als … / schon als/bei … gearbeitet.

Ich habe eine Ausbildung zu … / ein Praktikum bei … gemacht.

Ich kenne mich mit … aus.

Ich interessiere mich für … / Ich habe Fragen zu … / Ich möchte mich gern über … informieren.

Wie ist die Bezahlung / der Dienstplan / … geregelt?

Arbeitgeber/in

Schön, dass Sie sich bei uns vorstellen / dass wir uns persönlich kennenlernen.

Haben Sie Erfahrung mit … / im Bereich …? / Waren Sie schon einmal als … tätig?

Wären Sie auch nachmittags / am Wochenende / … verfügbar?

Hätten Sie nächsten Montag/… / am … Zeit für einen Probetag?

Auf den Probetag / den ersten Arbeitstag / … müssen Sie sich nicht vorbereiten.

Haben Sie noch weitere Fragen?

Ich bedanke mich für das Gespräch. Wir freuen uns auf Sie.

eine telefonische Bestellung aufgeben K4 M2

Kunde/Kundin

Ich würde gern eine Bestellung aufgeben.

Könnten Sie mir sagen, ob die Preise stimmen?

Wäre es möglich, … zu bekommen?

… könnte/dürfte grau oder schwarz sein.

Wir bräuchten alles bis Ende der Woche.

Könnten/Würden Sie mir die Bestellbestätigung bitte mailen?

Lieferant/in

Könnten Sie mir Ihre Kundennummer geben?

Es könnte sein, dass sich ein paar Preise geändert haben.

Hätten Sie denn gern eine andere Farbe / …?

Könnten Sie das noch einmal wiederholen, bitte?

Ich würde Ihnen … empfehlen.

Das dürfte kein Problem sein.

über technische Probleme sprechen K4 KiB

ein technisches Problem beschreiben

… funktioniert nicht.

Hier ist eine Fehlermeldung, die …

… lässt sich nicht öffnen/drucken/anschalten.

Wenn ich … mache, dann passiert nichts.

Normalerweise klappt das, aber heute …

So etwas ist mir noch nie passiert!

nachfragen und Hinweise geben

Schildern/Erklären Sie mir doch bitte genau/kurz, was Sie gemacht haben.

Funktioniert denn …?

Bitte probieren/versuchen Sie, …

Könnten Sie bitte Folgendes machen: …?

Haben Sie schon probiert, …?

Ich schicke Ihnen eine Mail mit …

Regelungen wiedergeben und nachfragen K3 M3

Regelungen wiedergeben

Man muss/kann/sollte dem Arbeitgeber …

Man hat Anspruch auf …

Für Arbeitnehmende gilt in dem Fall, dass …

Wenn man nicht …, …

nachfragen

Habe ich das richtig verstanden: …?

Kannst du bitte noch einmal erklären, …?

Mir ist noch nicht klar, …

eine Bewerbung schreiben Schreibtraining A

Warum will ich eine neue Stelle?

Ich möchte mich beruflich verändern, da …

Was kann ich, das wichtig für die Stelle ist?

Mit … kenne ich mich sehr gut aus.

Besonders viel Erfahrung habe ich mit … / in …

Natürlich bringe ich … mit.

Was habe ich bisher gemacht?

Seit … arbeite ich im Bereich …

In meinem jetzigen Beruf habe ich …

Was erwarte ich von der Stelle?

An der Stelle gefällt mir besonders, dass …

Ich freue mich auf …

Redemittel

einen Aushang schreiben K2 M1 ÜB

Suchen Sie Hilfe/Unterstützung bei …?
Ich biete meinen Service im Bereich … an.
Ich gebe Unterricht / Nachhilfe in …
Ich transportiere/repariere/betreue …
Ich berate Sie gerne bei …
Gerne können wir vorher … besprechen.
Ich verfüge über viel Erfahrung in …

Ich habe eine Ausbildung / einen Abschluss als …
Ich bin zuverlässig/freundlich/qualifiziert/geschickt/
    geduldig/…
Ich verlange … € je Stunde.
Preis je nach Vereinbarung.
Haben Sie Fragen? Melden Sie sich unter …
Meine Kontaktdaten: …

eine offizielle Mail schreiben Schreibtraining B

sich für etwas bedanken
Herzlichen/Vielen Dank
    (im Voraus) für …
Ich möchte mich herzlich
    für … bedanken.

über etwas informieren
Ich möchte Sie darüber informieren /
    Ihnen mitteilen, dass …
Ich wollte Bescheid geben, dass …

nachfragen
Ich würde gern wissen, …
Ich wollte nachfragen, …
Könnten/Würden Sie mir bitte
    mitteilen/sagen/schreiben, …?
Ich bräuchte Informationen über …

um etwas bitten
Könnten Sie … bitte …?
Ich bräuchte …
Ich möchte um … bitten.

auf Anhänge verweisen
Anbei sende ich Ihnen …
Im Anhang finden Sie …

sich entschuldigen
Bitte entschuldigen Sie vielmals …
Es tut mir sehr leid, dass …

Kunden/Kundinnen weitere Informationen geben K4 M1

eine Nachricht einleiten
Vielen Dank noch einmal für Ihre Anfrage.
Anbei finden Sie nun das Angebot für …
Vorab noch einige Informationen: …

Informationen geben
Wir können Ihnen … anbieten.
Es ist (leider nicht) möglich, …
Sie können noch zwischen … und … wählen.
Alternativ bieten wir Ihnen …
… ist kein Problem.
Als Liefertermin schlagen wir … vor.

eine Nachricht beenden
Bei weiteren Fragen stehe ich / stehen wir Ihnen
    selbstverständlich jederzeit zur Verfügung.

auf eine Kundenbeschwerde antworten K4 M3

sich bedanken
Wir bedanken uns für Ihren Kommentar.
Herzlichen Dank für Ihre Rückmeldung zu unserem
    Service.

das weitere Vorgehen beschreiben
Wir arbeiten momentan an einer Optimierung der
    Abläufe.
Wir nehmen Ihre Kritik ernst und haben die zuständige
    Abteilung informiert.
Derzeit arbeiten wir an …
Bei Fragen zu … wenden Sie sich gerne an diese
    Adresse: …
Als Entschädigung bieten wir Ihnen … an.

sich entschuldigen und Bedauern ausdrücken
Es tut uns sehr leid, dass die beschriebenen
    Probleme aufgetreten sind.
Natürlich ist es bedauerlich, dass es zu den
    Unannehmlichkeiten gekommen ist.
Wir bedauern, dass Sie nicht zufrieden waren.

Bewertungen zusammenfassen und weitergeben K4 M3

Hauptpunkte nennen
Besonders häufig beschweren sich Kunden/
    Kundinnen über ….
Viele sind mit … nicht zufrieden.
Es gibt negative Bewertungen/Kommentare zu …

Beispiele nennen
Die Kunden/Kundinnen reklamieren z. B. oft, dass …
Zu dem Punkt wird z. B. … genannt.
Ein Kunde / Eine Kundin schreibt zum Beispiel, dass …

Verb

Tempusformen: über Vergangenes berichten K1 M1

Präteritum	Perfekt	Plusquamperfekt
Funktion • von Ereignissen schriftlich berichten, z. B. in Zeitungsartikeln, Romanen • mit Hilfs- und Modalverben berichten	**Funktion** von Ereignissen mündlich oder schriftlich berichten, z. B. in E-Mails, Briefen	**Funktion** von Ereignissen berichten, die vor einem anderen Ereignis in der Vergangenheit passiert sind
Bildung • regelmäßige Verben: Verbstamm + Präteritumsignal -t- + Endung (z. B. *machen – machte, dauern – dauerte*) • unregelmäßige Verben: Präteritumstamm + Endung (z. B. *gehen – ging, kommen – kam*) keine Endung bei 1. und 3. Person Singular	**Bildung** *haben/sein* im Präsens + Partizip II	**Bildung** *haben/sein* im Präteritum + Partizip II

Bildung Partizip II
• regelmäßige Verben:
ohne Präfix: *schaffen – ge**schafft***
trennbares Verb: *aufbauen – auf**gebaut***
untrennbares Verb: *besuchen – besucht*
Verben auf *-ieren*: *studieren – studiert*

• unregelmäßige Verben:
ohne Präfix: *bestehen – bestand**en***
trennbares Verb: *ankommen – an**gekommen***
untrennbares Verb: *beginnen – begonn**en***

Ausnahmen: *kennen – kannte – habe gekannt*   *bringen – brachte – habe gebracht*
        denken – dachte – habe gedacht   *wissen – wusste – habe gewusst*

Eine Übersicht über wichtige unregelmäßige Verben finden Sie auf S. 119.

Zukünftiges ausdrücken K1 M2

Zukünftiges kann man mit zwei Tempusformen ausdrücken.

Präsens (oft mit Adverbien und anderen Zeitangaben)	Ich **bin** morgen pünktlich da.
Futur I (*werden* + Infinitiv)	Ich **werde** (morgen) pünktlich da **sein**.

Bildung des Futur I

ich	**werde** beginnen	wir	**werden** beginnen
du	**wirst** beginnen	ihr	**werdet** beginnen
er/es/sie	**wird** beginnen	sie/Sie	**werden** beginnen

Grammatik

Konjunktiv II der Gegenwart

Mit dem Konjunktiv II kann man:

Bitten höflich ausdrücken	*Würdest du etwas für uns bestellen?*
Wünsche ausdrücken	*Ich hätte gerne einen neuen Locher.*
Vermutungen ausdrücken	*Das Paket dürfte nächste Woche leer sein.*
Vorschläge machen	*Du könntest den Hausmeister fragen.*

Bildung

Die meisten Verben bilden den Konjunktiv II mit den Formen von *würde* + Infinitiv.

ich	**würde** bestellen		wir	**würden** bestellen
du	**würdest** bestellen		ihr	**würdet** bestellen
er/es/sie	**würde** bestellen		sie/Sie	**würden** bestellen

müssen, können, dürfen, sein, haben, brauchen und *wissen* bilden den Konjunktiv II aus den Präteritum-Formen + Umlaut. Die 1. und 3. Person Singular von *sein* bekommt die Endung *-e*.

ich	wäre, hätte, müsste, könnte, dürfte, wollte, sollte, bräuchte, wüsste		wir	wären, hätten, müssten, könnten, dürften, wollten, sollten, bräuchten, wüssten
du	wärst, hättest, müsstest, könntest, dürftest, wolltest, solltest, bräuchtest, wüsstest		ihr	wärt, hättet, müsstet, könntet, dürftet, wolltet, solltet, bräuchtet, wüsstet
er/es/sie	wäre, hätte, müsste, könnte, dürfte, wollte, sollte, bräuchte, wüsste		sie/Sie	wären, hätten, müssten, könnten, dürften, wollten, sollten, bräuchten, wüssten

Verben und Ergänzungen

Das Verb bestimmt, wie viele Ergänzungen in einem Satz stehen müssen und welchen Kasus sie haben.

Verb + Nominativ: *Karim Sedat ist <u>Fensterputzer</u>.*
Verb + Akkusativ: *Karim hat <u>seinen Meister</u> gemacht.*
Verb + Dativ: *Die Arbeit gefällt <u>ihm</u> nicht mehr so gut.*
Verb + Dativ + Akkusativ: *Er zeigt <u>den Azubis</u> <u>jede Aufgabe</u> genau.*
Verb + Präposition + Akkusativ*: *Er freut sich <u>auf einen beruflichen Neustart</u>.*
Verb + Präposition + Dativ*: *Karim hat sich <u>zu einem Jobwechsel</u> entschieden.*

* Statt der Präposition mit Dativ oder Akkusativ kann man bei Sachen und Ereignissen auch Präpositionaladverbien mit *da(r)*- benutzen: *Karim hat sich **dazu** entschieden. / Er freut sich **darauf**.*

Die Reihenfolge der Objekte im Satz ist von der Wortart der Objekte abhängig:

Die Objekte sind:	Beispiele	Reihenfolge
Nomen	*Er zeigt den Azubis jede Aufgabe.*	erst Dativ, dann Akkusativ
Nomen und Pronomen	*Er zeigt ihnen jede Aufgabe* *Er zeigt sie den Azubis.*	erst Pronomen, dann Nomen
Pronomen	*Er zeigt sie ihnen.*	erst Akkusativ, dann Dativ

reflexive Verben

Arten	Beispielsatz	weitere Verben
Manche Verben sind immer reflexiv.	*Ich habe mich entschlossen, wieder zu arbeiten.* *Er bewirbt sich auf ein Stellenangebot.*	*sich bewerben, sich freuen, sich beschweren …*
Manche Verben können reflexiv sein oder mit einer Akkusativergänzung stehen.	*Ich verstehe mich gut mit meinen Kollegen und Kolleginnen.* *Ich verstehe diese Anfrage nicht.*	*(sich) verstehen, (sich) vorbereiten, (sich) informieren …*
Reflexivpronomen stehen normalerweise im Akkusativ. Gibt es eine Akkusativergänzung, steht das Reflexivpronomen im Dativ.	*Ich ziehe mich an.* *Ich ziehe mir die Arbeitskleidung an.*	*sich anziehen, sich waschen …*
Bei manchen Verben steht das Reflexivpronomen immer im Dativ. Diese Verben brauchen immer eine Akkusativergänzung (Nomen, Pronomen, Infinitiv mit *zu* oder Nebensatz).	*Ich wünsche mir mehr Gehalt.* *Merk dir, was diese Vorschrift bedeutet.*	*sich etwas wünschen, sich etwas merken, sich etwas vorstellen …*

Reflexivpronomen

Personalpronomen	Reflexivpronomen im Akkusativ	im Dativ
ich	mich	mir
du	dich	dir
er/es/sie	sich	
wir	uns	
ihr	euch	
sie/Sie	sich	

Nomen

Deklination der nominalisierten Adjektive

Adjektive können zu Nomen werden. Sie werden aber trotzdem wie Adjektive dekliniert:
*Der Arzt hilft **k**ranken Menschen. – Der Arzt hilft **K**ranken.*

	Maskulinum	Neutrum	Femininum	Plural
Nominativ	der Deutsche	das Deutsche	die Deutsche	die Deutschen
Akkusativ	den Deutschen	das Deutsche	die Deutsche	die Deutschen
Dativ	dem Deutschen	dem Deutschen	der Deutschen	den Deutschen
Genitiv	des Deutschen	des Deutschen	der Deutschen	der Deutschen

Pluralbildung der Nomen

	Welche Nomen?	Plural-endung	Beispiel
1.	– maskuline Nomen auf -en/-er/-el – neutrale Nomen auf -chen/-lein	(")-	*der Ansprechpartner – die Ansprechpartner* *der Fragebogen – die Fragebögen*
2.	– fast alle femininen Nomen (ca. 96%) – maskuline Nomen auf -or – alle Nomen der n-Deklination*	-(e)n	*die Ärztin – die Ärztinnen* *der Doktor – die Doktoren* *die Mitarbeitende – die Mitarbeitenden*
3.	– die meisten maskulinen und neutralen Nomen (ca. 70%)	-(")e	*der Anruf – die Anrufe* *der Grund – die Gründe*
4.	– einsilbige neutrale Nomen – Nomen auf -tum	-(")er	*das Kind – die Kinder* *das Krankenhaus – die Krankenhäuser*
5.	– viele Fremdwörter – Abkürzungen – Nomen mit -a/-i/-o/-u am Wortende	-s	*der Chef – die Chefs* *die Mail – die Mails* *das Taxi – die Taxis*

*Nomen der n-Deklination haben immer die Endung -(e)n, nur im Nominativ Singular nicht.

Nomen, die mit -in oder -nis enden, verdoppeln den Konsonanten: *die Kund**in** – die Kund**innen**, das Ereig**nis** – die Ereig**nisse***

Im Dativ Plural enden die meisten Nomen auf -n: *Bleiben Sie bei Ihren kranken Kinder**n**.*
Ausnahme: Nomen, die im Nominativ Plural auf -s enden: *Fahrt ihr mit den Autos zum Arzt?*

Adjektiv

Adjektivdeklination

Typ I: mit bestimmtem Artikel

	der Kontakt	das Projekt	die Kollegin	die Kontakte (Pl.)
N	der neu**e**	das neu**e**	die neu**e**	die neu**en**
A	den neu**en**	das neu**e**	die neu**e**	die neu**en**
D	dem neu**en**	dem neu**en**	der neu**en**	den neu**en**
G	des neu**en**	des neu**en**	der neu**en**	der neu**en**

auch nach Fragewörtern: *welche*; Demonstrativartikeln: *diese, jene*; Indefinitartikeln: *jede, alle* (Pl.), Negationsartikeln und Possessivartikeln im Plural: *keine* (Pl.), *meine* (Pl.)

Typ II: mit unbestimmtem Artikel

	der Kontakt	das Projekt	die Kollegin	die Kontakte (Pl.)
N	ein neu**er**	ein neu**es**	eine neu**e**	neu**e**
A	einen neu**en**	ein neu**es**	eine neu**e**	neu**e**
D	einem neu**en**	einem neu**en**	einer neu**en**	neu**en**
G	eines neu**en**	eines neu**en**	einer neu**en**	neu**er**

auch nach Negationsartikeln: *keine (Sg.)*; Possessivartikeln: *meine (Sg.)*

Komparative und Superlative, die vor Nomen stehen, müssen dekliniert werden.
Komparativ: Adjektiv + Endung -er + Kasusendung
Superlativ: Adjektiv + -(e)st + Kasusendung (nur mit bestimmtem Artikel, *am* entfällt)
besondere Formen: *gut – besser – beste; viel – mehr – meiste; hoch – höher – höchste; nah – näher – nächste*

Präposition

temporale Präpositionen K3 M2

mit Akkusativ	mit Dativ	mit Genitiv
bis nächste Woche **für** die erste Jahreshälfte **gegen** zehn Uhr **über** eine Woche **um** zehn Uhr **um** den 10. September **herum**	**ab** dem 14. März **am** Wochenende **beim** Meeting **in** der nächsten Woche **nach** dem Urlaub **seit** sechs Tagen **von** jetzt **an** **vom** 14. **bis** 18. April **vor** dem Wochenende **zum** Quartalsende **zwischen** dem 1. und 3. April	**außerhalb** der Schichten **innerhalb** einer Stunde **während** der ganzen Woche

lokale Präpositionen K4 M1

	Wo?	Wohin?	Woher?
mit Akkusativ	um … herum	bis*, durch, gegen, um	
mit Dativ	ab, bei, von … aus	nach*, zu	aus, von
mit Dativ oder Akkusativ (Wechselpräpositionen)	an, auf, hinter, in, neben, über, unter, vor, zwischen		

*meist ohne Artikel mit Länder- oder Städtenamen: *bis Köln, nach Frankreich*

Wechselpräpositionen

Einige lokale Präpositionen werden sowohl mit Dativ als auch mit Akkusativ verwendet. Man nennt sie Wechselpräpositionen.

Frage *Wo?*	Frage *Wohin?*
Wechselpräposition mit Dativ ○ *Wo* stehen die Stühle? ● *Im* Raum.	Wechselpräposition mit Akkusativ ○ *Wohin* kommen die Stühle? ● *In den* Raum.

Präpositionaladverbien und Fragewörter

davon, daran, darauf … und wovon, woran, worauf … K1 M3

wo(r)… und da(r)… verwendet man bei Sachen und Ereignissen.
Präposition + Pronomen/Fragewort verwendet man bei Personen und Institutionen.
da(r)… steht auch vor Nebensätzen (dass-Satz, Infinitiv mit zu, indirekter Fragesatz).

Nach wo… und da… wird ein r eingefügt, wenn die Präposition mit einem Vokal beginnt: auf → worauf/darauf

Sachen/Ereignisse	Personen/Institutionen
wo(r) + Präposition	**Präposition + Fragewort**
○ *Woran* denkst du? ○ *Wovon* redet er? ● *An* unsere Zukunft! ● *Vom* neuen Projekt.	○ *An wen* denkst du? ○ *Mit wem* redet er? ● *An* meine Kollegin. ● *Mit* dem Projektleiter.
da(r) + Präposition	**Präposition + Pronomen**
○ *Erinnerst du dich **an dein Bewerbungsgespräch**?* ● *Natürlich erinnere ich mich **daran**. Ich erinnere ich mich auch gut **daran**, wie nervös ich war.*	○ *Erinnerst du dich **an Sabine**?* ● *Natürlich erinnere ich mich **an sie**.*

Satz

Konnektoren: Kausal-, Konzessiv- und Konsekutivsätze K2 M3

Hauptsatz + Nebensatz: *Er ruft an, **weil** er Fragen zur Zeiterfassung hat.*
Hauptsatz + Hauptsatz: *Er fragt nach, **denn** er findet das Firmenwiki kompliziert.*
Hauptsatz+ Hauptsatz mit Inversion *Er ist neu in der Firma, **deshalb** hat er viele Fragen.*
(Verb direkt hinter dem Konnektor):

	Grund (kausal)	Gegengrund (konzessiv)	Folge (konsekutiv)
Hauptsatz + Nebensatz	weil, da	obwohl	so …, dass, sodass
Hauptsatz + Hauptsatz	denn		
Hauptsatz + Hauptsatz mit Inversion		trotzdem	darum, daher, deswegen, deshalb

Finalsätze K3 M1

Finale Nebensätze drücken ein Ziel oder eine Absicht aus. Sie geben Antworten auf die Frage *Wozu?* oder in der gesprochenen Sprache auch oft auf die Frage *Warum?*.

gleiches Subjekt in Haupt- und Nebensatz → Nebensatz mit um … zu oder damit	
*Die Mitarbeitenden benötigen Arbeitskleidung, **damit** sie sich vor Gefahren schützen.*	Im Nebensatz mit *damit* muss das Subjekt genannt werden.
*Die Mitarbeitenden benötigen Arbeitskleidung, **um** sich vor Gefahren **zu** schützen.*	Im Nebensatz mit *um … zu* entfällt das Subjekt, das Verb steht im Infinitiv.
unterschiedliche Subjekte in Haupt- und Nebensatz → Nebensatz immer mit damit	
*Alle müssen die Hygienevorschriften einhalten, **damit** die Lebensmittel nicht verunreinigt werden.*	

wollen, sollen und *möchten* stehen nie in Finalsätzen:
Ich bereite Teig vor. Ich will Brot backen. → *Ich bereite Teig vor, **um** Brot **zu** backen.*

Konnektoren: Temporalsätze K4 M3

Fragewort	Beispiel
Wann? Wie lange? Gleichzeitigkeit: Hauptsatz **gleichzeitig mit** Nebensatz	*Immer* **wenn** *ich dort* <u>bestelle</u>, <u>gibt</u> *es ein Problem.* **wenn**: wiederholter Vorgang **Als** *ich das erste Mal dort* <u>bestellt habe</u>, <u>ging</u> *alles gut.* **als**: einmaliger Vorgang in der Vergangenheit **Während** *ich* <u>gewartet habe</u>, <u>hat</u> *sich der Lieferzeitpunkt* <u>geändert</u>. **während**: andauernder Vorgang **Solange** *ich noch nicht laufen* <u>kann</u>, <u>muss</u> *ich dort bestellen.* **solange**: gleichzeitiges Ende beider Vorgänge
Vorzeitigkeit: Nebensatz **vor** Hauptsatz Nachzeitigkeit: Nebensatz **nach** Hauptsatz	**Nachdem*** *es Probleme* <u>gegeben hat</u>, <u>bestelle</u> *ich dort nicht mehr.* **Nachdem*** *ich einen Account* <u>angelegt hatte</u>, <u>war</u> *ich schon genervt.* **Bevor** *ich* <u>bestellt habe</u>, <u>habe</u> *ich mich bei Freunden* <u>informiert</u>.
Seit wann?	**Seitdem/Seit** *die Firma so groß* <u>geworden ist</u>, <u>funktioniert</u> *gar nichts mehr.*
Bis wann?	**Bis** *man das Geld* <u>zurückbekommt</u>, <u>wartet</u> *man ewig.*

* Der Konnektor *nachdem* wird immer mit Zeitenwechsel gebraucht.
Hauptsatz: Präsens → Nebensatz: Perfekt; Hauptsatz: Präteritum → Nebensatz: Plusquamperfekt

unregelmäßige Verben

beginnen, beginnt, begann, hat begonnen
begreifen, begreift, begriff, hat begriffen
betrügen, betrügt, betrog, hat betrogen
biegen, biegt, bog, hat gebogen
bieten, bietet, bot, hat geboten
bitten, bittet, bat, hat gebeten
bleiben, bleibt, blieb, ist geblieben
brechen, bricht, brach, hat gebrochen
bringen, bringt, brachte, hat gebracht
denken, denkt, dachte, hat gedacht
empfehlen, empfiehlt, empfahl,
 hat empfohlen
entscheiden, entscheidet, entschied,
 hat entschieden
essen, isst, aß, hat gegessen
fahren, fährt, fuhr, ist gefahren
fallen, fällt, fiel, ist gefallen
fangen, fängt, fing, hat gefangen
finden, findet, fand, hat gefunden
fliegen, fliegt, flog, ist geflogen
fliehen, flieht, floh, ist geflohen
fließen, fließt, floss, ist geflossen
geben, gibt, gab, hat gegeben
gehen, geht, ging, ist gegangen
gelingen, gelingt, gelang, ist gelungen
gelten, gilt, galt, hat gegolten
genießen, genießt, genoss, hat genossen
geschehen, geschieht, geschah,
 ist geschehen
gewinnen, gewinnt, gewann, hat gewonnen
haben, hat, hatte, hat gehabt
halten, hält, hielt, hat gehalten
hängen, hängt, hing, hat gehangen
heben, hebt, hob, hat gehoben
heißen, heißt, hieß, hat geheißen
helfen, hilft, half, hat geholfen

hinweisen, weist hin, wies hin,
 hat hingewiesen
kennen, kennt, kannte, hat gekannt
klingen, klingt, klang, hat geklungen
kommen, kommt, kam, ist gekommen
laden, lädt, lud, hat geladen
lassen, lässt, ließ, hat gelassen
laufen, läuft, lief, ist gelaufen
leiden, leidet, litt, hat gelitten
leihen, leiht, lieh, hat geliehen
lesen, liest, las, hat gelesen
liegen, liegt, lag, hat gelegen
lügen, lügt, log, hat gelogen
meiden, meidet, mied, hat gemieden
messen, misst, maß, hat gemessen
nehmen, nimmt, nahm, hat genommen
nennen, nennt, nannte, hat genannt
raten, rät, riet, ist geraten
reiten, reitet, ritt, ist geritten
rennen, rennt, rannte, ist gerannt
riechen, riecht, roch, hat gerochen
rufen, ruft, rief, hat gerufen
scheinen, scheint, schien, hat geschienen
schieben, schiebt, schob, hat geschoben
schießen, schießt, schoss, hat geschossen
schlafen, schläft, schlief, hat geschlafen
schlagen, schlägt, schlug, hat geschlagen
schließen, schließt, schloss,
 hat geschlossen
schneiden, schneidet, schnitt,
 hat geschnitten
schreiben, schreibt, schrieb,
 hat geschrieben
schreien, schreit, schrie, hat geschrien
schweigen, schweigt, schwieg,
 hat geschwiegen

schwimmen, schwimmt, schwamm,
 ist geschwommen
sehen, sieht, sah, hat gesehen
sein, ist, war, ist gewesen
sinken, sinkt, sank, ist gesunken
sitzen, sitzt, saß, hat gesessen
sprechen, spricht, sprach, hat gesprochen
stehen, steht, stand, hat gestanden
stehlen, stiehlt, stahl, hat gestohlen
steigen, steigt, stieg, ist gestiegen
stoßen, stößt, stieß, hat gestoßen
streichen, streicht, strich, hat gestrichen
streiten, streitet, stritt, hat gestritten
tragen, trägt, trug, hat getragen
treffen, trifft, traf, hat getroffen
treiben, treibt, trieb, hat getrieben
treten, tritt, trat, hat/ist getreten
trinken, trinkt, trank, hat getrunken
tun, tut, tat, hat getan
unterscheiden, unterscheidet, unterschied,
 hat unterschieden
verbinden, verbindet, verband,
 hat verbunden
vergessen, vergisst, vergaß, hat vergessen
vergleichen, vergleicht, verglich,
 hat verglichen
verlieren, verliert, verlor, hat verloren
verzeihen, verzeiht, verzieh, hat verziehen
wachsen, wächst, wuchs, ist gewachsen
werben, wirbt, warb, hat geworben
werden, wird, wurde, ist geworden
werfen, wirft, warf, hat geworfen
wiegen, wiegt, wog, hat gewogen
wissen, weiß, wusste, hat gewusst
ziehen, zieht, zog, hat gezogen
zwingen, zwingt, zwang, hat gezwungen

Quellennachweis

U1.1 Getty Images (JasonDoiy), München; U1.2 Getty Images (HadelProductions), München; 6.1 Shutterstock (BGStock72), New York; 6.2 Shutterstock (Travelpixs), New York; 6.3; 56.1 Getty Images (JohnnyGreig), München; 7.1 Shutterstock (Dean Drobot), New York; 7.2; 56.2 Shutterstock (pikselstock), New York; 8.1; 9.1; 52.1 Getty Images (Marcus Chung), München; 12.1 123RF.com (Branislav Ostojic), Nidderau; 14.1 Getty Images (Prostock-Studio), München; 16.1 Getty Images (nicolas_), München; 16.2 Getty Images (sitox), München; 16.3 Getty Images (CHUNYIP WONG), München; 16.4 Getty Images (fzant), München; 16.5 Getty Images (miss_pj), München; 16.6 Getty Images (the_burtons), München; 16.7 Getty Images (Csondy), München; 16.8 Getty Images (Helen King), München; 16.9 123RF.com (Vitantonio Caporusso), Nidderau; 16.10 Getty Images (AVTG), München; 16.11 Getty Images (mgstudyo), München; 16.12 Getty Images (yoh4nn), München; 17.1 Getty Images (EasyBuy4u), München; 17.2; 65.7 Getty Images (Yevgen Romanenko), München; 17.3; 65.3 Getty Images (Creativeye99), München; 17.4; 65.1 Shutterstock (szefei), New York; 17.5; 65.12 Getty Images (filo), München; 17.6 Getty Images (kyoshino), München; 17.7 Shutterstock (PAWAPRON BADINPHAT), New York; 17.8; 65.11 Getty Images (Liuhsihsiang), München; 17.9 Shutterstock (eNjoy iStyle), New York; 17.10; 65.8-9 Getty Images (Siede Preis), München; 17.11; 65.6 Getty Images (onebluelight), München; 17.12; 65.7 Getty Images (Nenov), München; 17.13; 65.4 Getty Images (Yevgen Romanenko), München; 17.14; 65.5 Getty Images (Issarawat Tattong), München; 17.15; 65.2 Getty Images (ShyMan), München; 17.16 Getty Images (mladn61), München; 17.17 Getty Images (Geber86), München; 17.18 Getty Images (alvarez), München; 17.19 Getty Images (skynesher), München; 17.20 Getty Images (AleksandarNakic), München; 18.1 Getty Images (Courtney Hale), München; 18.2 Getty Images (exxorian), München; 18.3 Getty Images (yuoak), München; 18.4 Getty Images (filadendron), München; 20.1 123RF.com (eshma), Nidderau; 20.2 Getty Images (Luis Alvarez), München; 22.1 Getty Images (Robin Skjoldborg), München; 22.2-3 Getty Images (diane555), München; 24.1 Statista GmbH, Hamburg; 26.1 Getty Images (David Sacks), München; 27.1 Getty Images (Portra), München; 27.2 Getty Images (PixeloneStocker), München; 28.1 Getty Images (gorodenkoff), München; 28.2 Getty Images (gorodenkoff), München; 28.3 Getty Images (Halfpoint), München; 28.4 Getty Images (nd3000), München; 28.5 Getty Images (Traimak_Ivan), München; 29.1 Shutterstock (Golden Brown), New York; 29.2 Shutterstock (ESB Professional), New York; 31.1 Getty Images (PLAINVIEW), München; 32.1; 32.4; 44.1-6 Getty Images (RgStudio), München; 32.2 Getty Images (kathykonkle), München; 32.3 Getty Images (yayayoyo), München; 32.5 Getty Images (drogatnev), München; 33.1; 45.3; 78.1 Getty Images (yayayoyo), München; 34.1 Shutterstock (Prostock-studio), New York; 36.1 Shutterstock (alessandro guerriero), New York; 38.1 Adobe Stock (Drazen), Dublin; 38.2 Adobe Stock (StudioLaMagica), Dublin; 38.3 Getty Images RM (PhotoAlto/James Hardy), München; 38.4 Adobe Stock (Andrey Popov), Dublin; 39.1 Adobe Stock (Leonardo Franko), Dublin; 39.2 Adobe Stock (Finanzfoto), Dublin; 39.3 Klett-Archiv (Roswitha Steger), Stuttgart; 39.4 Adobe Stock (Aintschie), Dublin; 40.1 Getty Images (svetikd), München; 41.1 Getty Images (EricFerguson), München; 42.1; 99.8 Getty Images (Floortje), München; 42.2 Getty Images (malerapaso), München; 42.3 Getty Images (fcafotodigital), München; 42.4; 99.3 Getty Images (AlbertSmirnov), München; 42.5; 99.4 Getty Images (Zoonar RF), München; 45.1; 78.2 Getty Images (kolotuschenko),

München; 45.2 Getty Images (Ihor Biliavskyi), München; 46.1 Shutterstock (selinofoto), New York; 46.2 Getty Images (Marco VDM), München; 48.1 Getty Images (bortonia), München; 48.2 Getty Images (artvea), München; 48.3 Getty Images (Enis Aksoy), München; 48.4 Getty Images (Easy_Company), München; 48.5 Getty Images (bgblue), München; 48.6 Getty Images (bgblue), München; 48.7 Getty Images (bortonia), München; 48.8 Getty Images (bortonia), München; 49.1 Getty Images (Karl Tapales), München; 49.2 Shutterstock (BAZA Production), New York; 49.3 Klett-Archiv (Corinna Gerhard), Stuttgart; 51.1 Getty Images (Thana Prasongsin), München; 51.2 Getty Images (FG Trade), München; 51.3 Getty Images (Matthias Tunger), München; 51.4 Getty Images (kzenon), München; 51.5 Getty Images (Reza Estakhrian), München; 51.6 Getty Images (Luis Alvarez), München; 53.1 Getty Images (izusek), München; 54.1 picture-alliance (Arne Dedert), Frankfurt; 55.1 Getty Images (The Good Brigade), München; 55.2 Getty Images (jat306), München; 55.3 Getty Images (Monty Rakusen), München; 55.4 Getty Images (jeffbergen), München; 55.5 Getty Images (Billy Hustace), München; 55.6 Getty Images (Chaay_Tee), München; 57.1 Getty Images (Solskin), München; 57.2 Getty Images (Rafael Elias), München; 57.3 Getty Images (Portra), München; 59.1 Getty Images (Maskot Bildbyrå), München; 60.1 Getty Images (d3sign), München; 66.1 Getty Images (Alistair Berg), München; 68.1 Getty Images (pixelfit), München; 68.2 Getty Images (The Good Brigade), München; 68.3 Getty Images (ciricvelibor), München; 70.1 Getty Images (Morsa Images), München; 72.1 Getty Images (PeopleImages), München; 74.1 Getty Images (RichVintage), München; 80.1 Getty Images (Alistair Berg), München; 81.1 Getty Images (Zapp2Photo), München; 81.2 Getty Images (nikom1234), München; 81.3 Getty Images (anyaivanova), München; 81.4 Getty Images (annavaczi), München; 81.5 Getty Images (ZeynepKaya), München; 81.6 Getty Images (AnnaStills), München; 81.7 Getty Images (hanohiki), München; 83.1 Getty Images (RapidEye), München; 85.1 Getty Images (Nora Carol Photography), München; 85.2 Getty Images (Fernando Trabanco Fotografía), München; 86.1-3 Getty Images (bgblue), München; 86.4 Getty Images (fizkes), München; 88.1 Adobe Stock (M. Schuppich), Dublin; 88.2 Getty Images (Guido Mieth), München; 89.1 Getty Images (Luis Alvarez), München; 89.2 Getty Images (Makiko Tanigawa), München; 89.3 Getty Images (Hinterhaus Productions), München; 89.4 Getty Images (Luis Alvarez), München; 95.1 Getty Images (Thomas Barwick), München; 95.2 Getty Images (urbazon), München; 99.1 Getty Images (Maartje van Caspel), München; 99.2 Getty Images (Rosalie Laca / EyeEm), München; 99.5 Getty Images (Ahmad Azuadi Yaakob / EyeEm), München; 99.6 Getty Images (Douglas Sacha), München; 99.7 Getty Images (Yevgen Romanenko), München; 99.9 Getty Images (MirageC), München; 99.10 Getty Images (Image Source), München; 100.1 Getty Images (Hill Street Studios), München; 103.1 Getty Images (Luis Alvarez), München; 103.2 Getty Images (Oscar Wong), München

Audios
Produktion: Bauer Studios GmbH, Ludwigsburg
Tontechnik: Michael Vermathen
Regie: Renate Weber
Sprecherinnen und Sprecher: Jonas Bolle, Chantal Busse, Stela Katic, Stephan Moos, Mario Pitz, Uwe-Peter Spinner, Lina Syren, Henrike Tönnes, Benedict Walesch, Marcus Westhoff